東山擷芳

——江宁博物馆暨东晋历史文化博物馆馆藏精粹

江 宁 博 物 馆
东晋历史文化博物馆　编

许长生　主编

文物出版社

封面设计：周小玮
责任印制：张道奇
责任编辑：张晓曦

图书在版编目（CIP）数据

东山撷芳：江宁博物馆暨东晋历史文化博物馆馆藏精粹/江宁
博物馆，东晋历史文化博物馆编；许长生主编. —北京：文物
出版社，2013.11
ISBN 978-7-5010-3815-2

Ⅰ．①东… Ⅱ．①江… ②东… ③许… Ⅲ．①区（城市）-
博物馆-历史文物-南京市-图集 Ⅳ．①K872.531.2

中国版本图书馆CIP数据核字（2013）第207379号

东 山 撷 芳

江宁博物馆暨东晋历史文化博物馆馆藏精粹

江 宁 博 物 馆　编
东晋历史文化博物馆

许长生　主编

*

文 物 出 版 社 出 版 发 行
（北京市东直门内北小街2号楼）

http://www.wenwu.com
E-mail：web@wenwu.com

北京燕泰美术制版印刷有限责任公司制版印刷
新 华 书 店 经 销
889×1194　1/16　印张：16
2013年11月第1版　2013年11月第1次印刷
ISBN 978-7-5010-3815-2　定价：268.00元

《东山撷芳》编纂委员会

主 任 委 员：周　谦　陈发喜

副主任委员：刘　玲　严应骏　高德臣　于茂高

编　　　委：周　谦　陈发喜　刘　玲　严应骏　高德臣
　　　　　　于茂高　张　斌　杨嘉清　曹湘龙　骆晓鹏
　　　　　　李小静　许云军　许长生

书名题字：苏士澍（全国政协常委、中国书法家协会副主席）

学术顾问：张　敏　王志高

主　　编：许长生

副 主 编：周维林　林小娟　夏　云

编　　务：杨李兵　李　红　杨　霖　吴　蓓　赵　瑾
　　　　　王志华　戴秋月　徐　雯　汤福喜　濮纪叶
　　　　　成　静

文物摄影：郑　华　王　伟

文物修复：韩海宏　蒋艳华

文物拓片：吴　蓓　赵　瑾

篆文释读：薛马宁

序 一

　　美国当代著名盲聋作家海伦·凯勒在《假如给我三天光明》中写到"她将用生命中可能获得的仅有的三天光明中之一天，参观博物馆——美国的大都会博物馆和自然历史博物馆"，博物馆在人类生命中的价值及意义可见一斑。当今，"以征集、保护、研究、传播并展出人类及人类环境的物质及非物质文化遗产"为使命的博物馆，已成为人类文化记忆、传承、创新的重要阵地，已成为提高人们文化修养的重要场所，已成为满足民众多样文化需求的精神家园，并继续发挥着教育、审美、激励、凝聚、娱乐等多种功能，从而使民族文化薪火相传，从而使人类文明赓续绵延。而博物馆事业发展的总体规模、管理水平和服务质量，则已成为衡量一个国家、一个民族、一个地区文化发展程度的重要标尺。

　　文物藏品是博物馆全部活动的物质基础，如果没有文物藏品，博物馆的馆舍再华丽高大，也不能成为真正的博物馆。博物馆不但是文物的收藏机构，也是科学研究机构和宣传教育机构。加强博物馆的科学研究，首先是博物馆人的责任和义务，《文物保护法》就明确规定："文物收藏单位应当充分发挥馆藏文物的作用，通过举办展览、科学研究等活动，加强对中华民族优秀的历史文化和革命传统的宣传教育。"包含藏品图录在内的藏品研究是博物馆科学研究的重点内容，是揭示藏品本身所蕴涵内在价值的唯一途径。衡量一座博物馆水平的高下，不是看它的馆舍建筑，而是主要取决于其藏品的数量、质量及其科学研究水平，不管是像故宫博物院这样的大型博物馆，还是像江宁博物馆这样的区县级基层博物馆，概莫能外。

　　江宁是我的祖籍之地，早从孩提时代起，我就对江宁的历史文化久存向往之情。近年，因为工作需要，我往来江苏甚为频繁，但每次都来去匆匆，竟对南京近旁的江宁无缘零距离接触，心中难免遗憾。2011年9月28日，值江宁博物馆新馆暨东晋历史文化博物馆开馆之际，承南京市委书记杨卫泽先生盛情相邀，我曾参加江宁双馆的开馆大典及有关学术活动。在此之前，与江苏省及南京市文物局同仁一起，还对江宁汤山葫芦洞、阳山碑材、湖熟老街和杨柳村古建筑群的文物保护工作作过专题考察。而最令我难忘的则是竹山之麓新落成的江宁博物馆新馆，无论是馆舍建筑的典雅大方，还是陈列展览的精致美观，该馆都是我所了解的最好的区县级博物馆之一，甚至一点也不比有些地市级博物馆逊色。总之，那次考察尽管时间不长，但终于一偿与故乡亲近的夙愿。

如所周知，今江宁地区在历史上曾是古都金陵的乡域和郊畿之地，其所属之江宁、上元二县更是长期在城内附郭而治。直到1935年5月，随着江宁自治实验县政府迁往东山，其辖域及治所才与南京真正剥离，而今日之江宁则已成为与南京完全融为一体的主城区之一。从某种意义上说，江宁与南京密不可分，江宁地方史是南京古都历史的重要组成部分。正因为此，江宁古代文化遗产极为丰厚。

新中国成立以来，江宁境内出土的文物数以万计，其中汤山葫芦洞出土的南京直立人头骨化石、横溪一带出土的商代三羊铜罍、灵山南朝墓出土的青瓷莲花尊以及明代沐英墓所出青花"萧何月下追韩信"图瓷梅瓶、牛首山明代弘觉寺塔地宫所出鎏金喇嘛铜塔等，皆堪称国之重宝，具有永恒的艺术魅力和历史文化价值。在江宁博物馆新馆的开馆展览中，我看到了省、市博物馆无私借展的江宁境内出土的部分文物精品，这种形式固然很好，但我一直在想，在文物安全可以得到有效保障的前提下，出土文物是转移到辖域外高层级的地市级或省级博物馆保管，还是继续留存在属地博物馆，究竟哪种方案能更好发挥文物的社会教育功能？这是各级文化遗产管理部门今后需要认真思考的一个现实问题。

大概因为故乡人及我曾考察该馆这两层缘份，江宁博物馆馆长许长生先

生辗转通过有关朋友希望我能够为该馆编辑出版的馆藏文物精品图录《东山撷芳》题序。我虽俗务缠身，但是盛情难却，遂得以对书稿先睹为快。如前所述，江宁地域出土文物主要收藏于省、市博物馆，江宁博物馆馆藏文物精品甚至不及其出土总数的十分之一，但仅观赏书稿收录的这些作为文明结晶的美轮美奂的文物图片，我在心中仍不由自主对故乡悠久的历史和灿烂的文化而赞美，同时亦对编纂者及文物出版社的摄影专家的辛劳和敬业而心存敬意。

近十多年来，随着经济社会的全面发展，在江苏等东南繁华之区，各级博物馆馆舍建筑有越来越华丽的趋势，但人才培养、藏品研究等软件建设还没有得到应有的重视，这是当前博物馆事业发展中普遍存在的一个问题。实事求是地说，我也曾对江宁博物馆的软件建设感到担心。现在看来有些多虑了。当然，编纂《东山撷芳》这样的馆藏文物精品图录还只是文物藏品研究的起点，在表示祝贺之余，我希望该馆同仁以本图录的出版为契机，继续潜心钻研，在藏品研究等领域取得更多更重要的成果，真正成为全国区县级博物馆的一面旗帜；同时，我也希望本图录的出版能够对江宁历史文化的宣传、对当地文化遗产保护事业的发展起到积极的推动作用。

是为序。

单霁翔

故宫博物院院长、中国文物学会会长

2013年8月8日

序 二

　　江宁既是南京科学发展的活力板块，也是一片山水城林的人文胜地。数十万年前南京先民在此扎根，数千年前湖熟文化藉此发祥，2500年前金陵祖城依之孕育，2200年前十代之都凭之肇基，1700年前为表华夏统一创定江宁之名。曾经，她见证了解放战争的胜利，人民政权的诞生。今天，她正追随民族复兴的中国梦砥砺前行，谱写着中国梦——美丽江宁华彩诗篇。

　　江宁历史文化底蕴深厚，境内文化遗产星罗棋布，仅各级文保单位就达117处，被誉为"江南文物之邦"。全区现有汤山史前文化、湖熟文化、六朝陵墓、将军山明代墓葬及牛首山、祖堂山地下遗存等文物重点保护片区五处，历年出土的历史文物数量大、等级高，比如南朝青瓷莲花尊、元代青花"萧何月下追韩信"梅瓶、明代釉里红"岁寒三友"梅瓶、明代鎏金喇嘛塔等都堪称国宝级文物。2011年建成的江宁博物馆新馆暨东晋历史文化博物馆，拥有馆藏文物7000余件（套），其中一级文物8件（套）、二级文物46件（套）、三级文物919件（套），数量和质量均位居全省前列。

　　春雨润物，泽流及远。江宁的文物遗产是深嵌于文化基因的悠久精粹，是铸就了区域人文魅力的独特因素。《东山撷芳》收录了江宁博物馆13类265件馆藏精品文物，从遥远的新石器时代到晚近的民国。徐展书卷，漫漫历史如在眼前，敬畏之情油然而生。细细观摩，这些文物件件闪烁着历经千年锤炼的文明之光，铭刻了诚敬、礼爱、勤劳、朴实、创造、智慧、信念和希望等价值印记，是极其珍贵的文化财富。"观乎人文，以化成天下"，这是文化的本意。作为凝结古人智慧的文化瑰宝，历史文物的良好保护、精心展示和深入研究，将为我们触摸文化根脉、探悉历史变迁、陶冶爱国情操、培育人文理念，提供最直观的场景，是传承民族精神、构建当代核心价值无可替代的重要一环。做好江宁文物工作，将有利于江宁历史文脉的延续、文化记忆的延展、文化精神的塑造、文化影响的提升，必将为文化江宁建设提供良好的载体平台。

党的十八大明确提出，"文化是民族的血脉，是人民的精神家园"。按照中央、省市关于推动文化大发展大繁荣部署要求，近年来江宁坚持文化为魂方针，制定并实施了《建设全国文化遗产保护样板区行动计划》等一揽子意见，大力推进遗址公园建设、历史古镇村创建、文物古迹保护等工作，奋力创建以文化繁荣发展为鲜明特征的苏南现代化建设样板区。江宁博物馆编纂的《东山撷芳》是我区文化遗产保护工作中的新成果，为塑造江宁文化品牌做出了有益尝试。我们要进一步加大以江宁博物馆、东晋博物馆为龙头的文化场馆开发开放使用力度，加速构建富有江宁区域特色，集江宁历史文化、民俗文化、企业（社会）文化于一体的馆藏体系。我们坚信，随着文化遗产保护行动的全面推进，以文化创新、文化融合、文化特色、文化精品为主要内容的文化发展战略的深入实施，江宁文化整体实力一定能够得到进一步提升，江宁的基本现代化建设必将彰显出更加丰富的人文元素和精神内涵。

中共南京市委常委、江宁区委书记

2013年8月15日

目　录

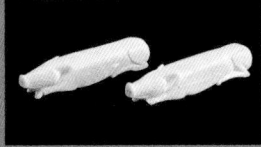

石 器

STONE ARTIFACTS

石箭镞　新石器时代
Stone arrow *the Neolithic Age*
长5厘米　宽2厘米
馆藏

石质。器形不规则，镞身扁薄。前端尖锥形，
比较锐利，中脊稍偏一侧，后有短铤。

石斧　商-周（湖熟文化时期）
Stone axe *Shang-Zhou Dynasty*
长11厘米　宽5.5厘米　厚3厘米
东山街道章村出土

石质。器体浑厚、坚硬。顶端略窄、弧形、
两面刃较锋利，通体打磨光滑。

穿孔石斧　商-周（湖熟文化时期）
Perforated stone axe *Shang-Zhou Dynasty*
长10厘米　宽9.5厘米　孔径2.5厘米
东山街道上坊社区艾塘村出土

花岗岩质。石质细腻、略呈舌形、器体扁薄、上端齐平、
下为圆弧形、两面刃、刃有使用痕迹。近顶端中部有一圆
形穿孔，孔为两面对钻。器身通体磨光、制作精致。

石砚 东晋
Stone Inkstone *Eastern Jin Dynasty*
长23.3厘米　宽15.1厘米　厚0.7厘米
东山街道上坊社区南京众彩农副产品批发市场出土

石质。素面，砚体轻薄，中部长方形，两端略呈三角形，平底。砚面中部有一长方形浅池，一侧连一小长方形砚池。

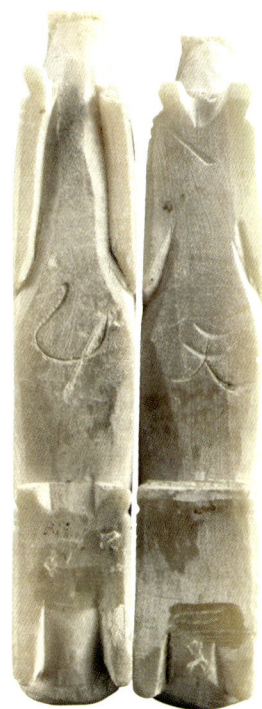

"乙"、"天"字款滑石猪 东晋
Steatite hogs with word Yi or Tian *Eastern Jin Dynasty*
左"乙"字款长8.5厘米 宽1.5厘米 厚1.5厘米
右"天"字款长8.8厘米 宽1.5厘米 厚1.5厘米
东山街道上坊社区石马冲谢家山出土

滑石质。两件器身圆浑，器形近同，猪身瘦长，嘴部圆形上翘，均作卧匐状，四肢前伸，其耳、眼、嘴等部位刻划清晰，底面较平，器底中间分别阴刻"乙"、"天"字样。

抄手石砚 宋代
Stone Inkstone *Song Dynasty*
长19.5厘米　宽10.9厘米　厚2.2厘米
江宁滨江开发区牧龙孙元村出土

石质。长方形抄手砚，砚面浅开砚堂、落潮式
墨池，通身素面无纹。石质光滑似玉。

石砚 明代
Stone Inkstone *Ming Dynasty*
长10.5厘米　宽7.3厘米　厚0.9厘米
谷里街道周村社区郑家村和尚山出土

石质。长方形、砚体薄而轻、砚面池、堂一体，砚面
下斜形成砚池。砚背有刻划文字，但泐蚀难以释读。

石 刻

STONE INSCRIPTION

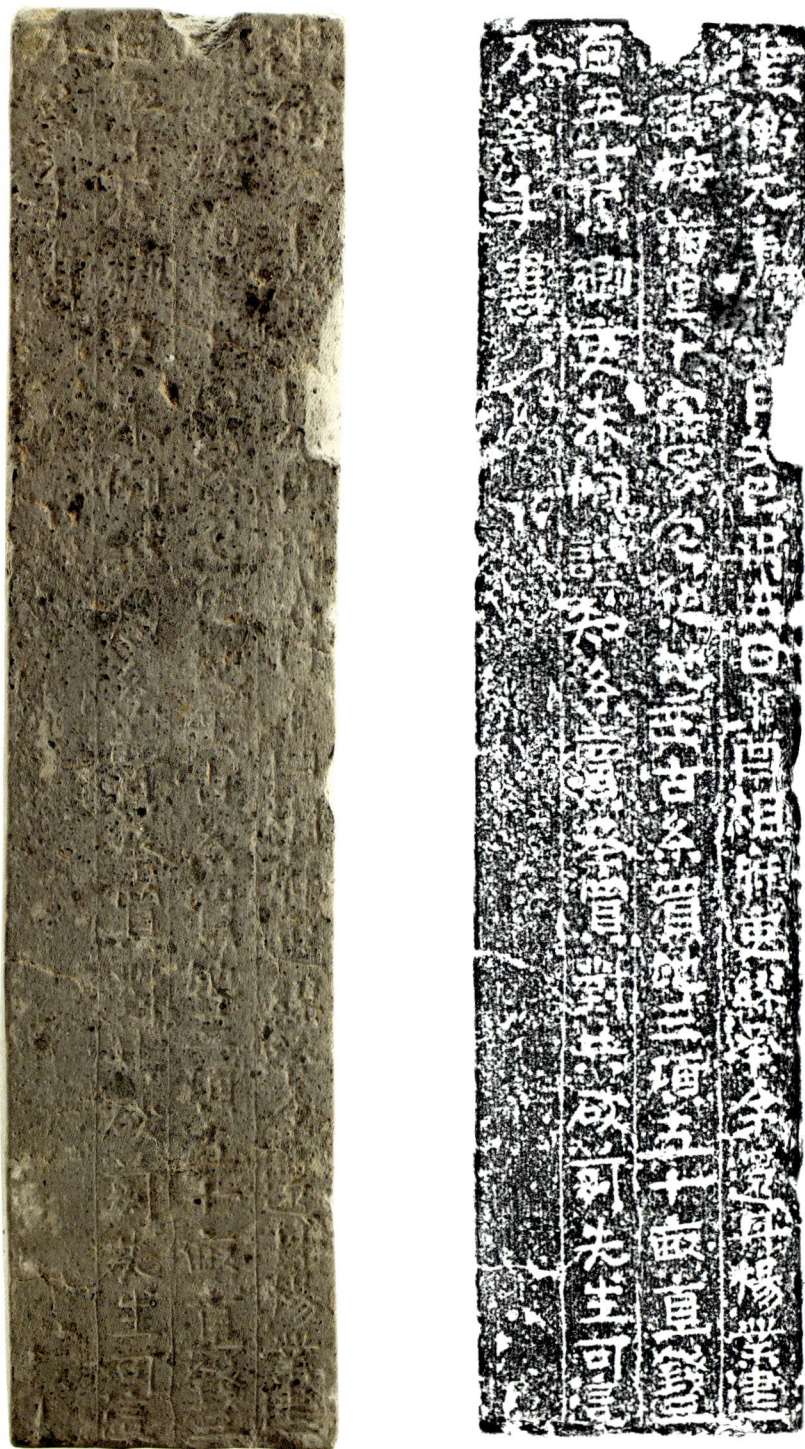

"建衡元年"砖地券 三国·吴

Land deed on brick with period words "Jian Heng Yuan Nian" *Wu, Three Kingdoms period*

长34.2厘米 宽8.3厘米 厚4.4厘米

江宁滨江开发区牧龙孙元村出土

砖质。青灰色。长方形，两侧面模印有菱形方格纹。一面竖行阴刻券文，行间以浅线相隔，个别券文因砖面泐蚀难以释读，计4行71字："建衡元年□□月□巳朔五日辛酉相府吏缪承今还丹杨业建□乡梅府里卜安冢宅从地主古糸头地三顷五十亩直钱三百五十万乡吏朱恂证知糸卖承买对共破蒭先立可信乃为手书"。

"天册元年"铅锡地券　三国·吴

Land deed on brick with period words "Tian Ce Yuan Nian"　*Wu, Three Kingdoms period*

长31厘米　宽2.8厘米　厚0.2厘米

淳化街道土桥社区柏墅岗出土

铅锡质。长条形，券文两面直行阴刻，可释读文字78个，知为孙吴天册元年（275年）三月廿九日立券，是研究六朝买地券以及道教发展、书法艺术的重要实物资料。券文正面三行内容为："杨州丹杨郡□南乡诸□□□□北极居左……今作冢廓，从天买土，从地买宅，直钱一千万……东去百步，西去百步，南去百步，北去百步。若有争宅……"背面亦三行，内容为："如律令天册元年三月廿九日□□买地交雇贝钱一千万。民有知约，他如律令。"

虎首石棺座　三国·吴
Stone tiger head sarcophagus seat　*Wu,Three Kingdoms period*
长155厘米　宽26厘米　高32厘米
东山街道上坊社区中下村出土

石质。两端雕凿有虎首和虎的前蹄、凿制规整。虎张牙露
齿、两眼瞪视前方、双耳耸立，威风凛凛，前蹄上端雕刻有
四瓣花形纹饰。

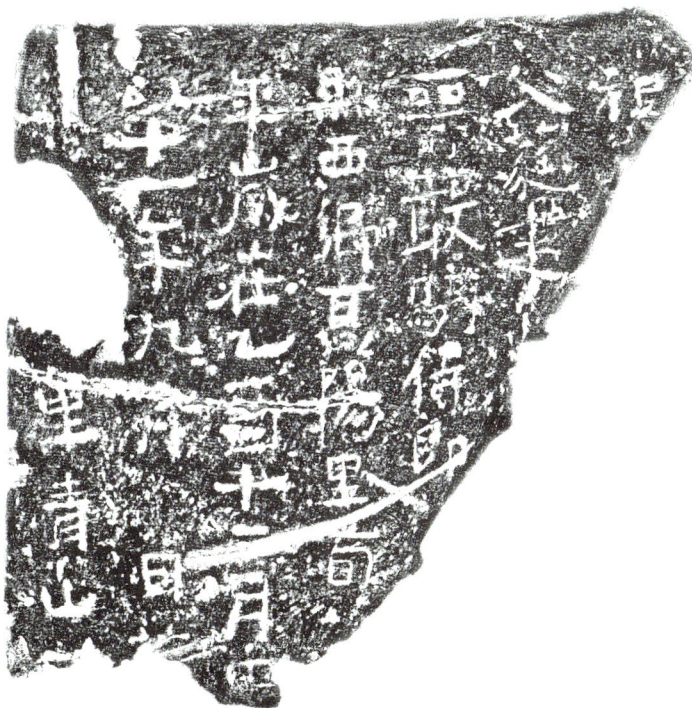

荀籍墓志 东晋

Epitaph of Xun Ji   Eastern Jin Dynasty

残长23厘米　残宽22.3厘米　厚6.1厘米

东山街道上坊社区石马冲谢家山出土

砖质。残存约三分之一，志文："祖……父龚□……晋散骑侍郎……县西乡高阳里荀……年岁在乙酉十一月……以十一年九月□日……里青山。"

据志文可知志主荀籍为颍川郡临颍县（今河南临颍）西乡高阳里人，其祖父为荀崧、父为荀蕤。太元十年（386年）十一月，荀籍卒，次年九月，葬青山。

罗健夫妇砖地券　南朝·宋

Land deed on brick with words "Luo Jian Fufu"　*Song,Southern Dynasties*

左　长39.5厘米　宽17厘米　厚3厘米

右　长39.3厘米　宽16.5厘米　厚3厘米

淳化街道双岗社区咸墅岗出土

买地券（左）：

砖质。长方形，平面竖行刻写文字，有线栏，阴刻券文，正面7行，满行40字，一侧面亦刻有1行24字。

买地券（右）：

砖质。长方形，平面竖行刻写文字，有线栏，阴刻券文，正面8行，满行39字，有数字模糊不清，一侧面亦刻有1行6字。

两块买地券内容近同，券文记载墓主罗健夫妇为堂邑郡高山县都乡治下里人，生前任兰陵太守，于宋元嘉廿二年八月下葬。

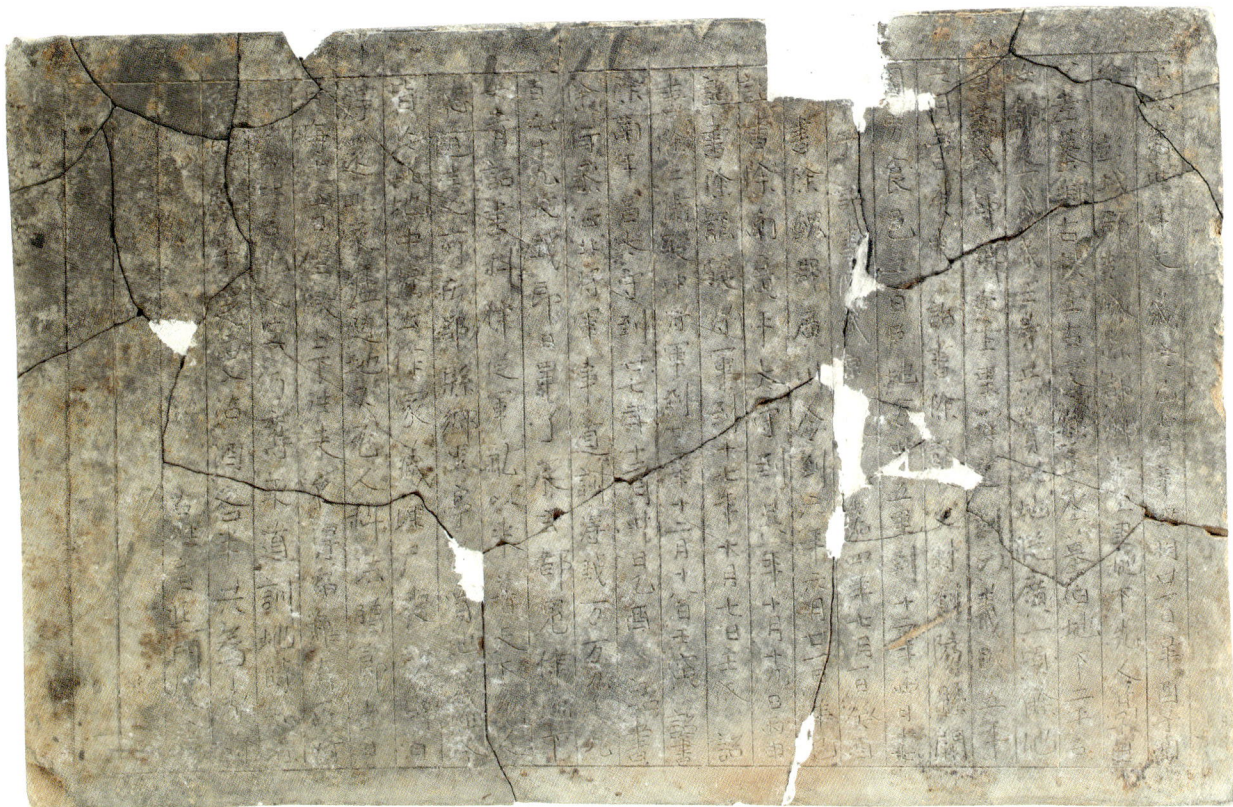

罗道训砖地券　南朝·宋

Land deed on brick with words "Luo Daoxun"　*Song,Southern Dynasties*

长39厘米　宽25厘米　厚2.3厘米

淳化街道双岗社区咸墅岗出土

砖质。长方形，平面竖行刻写文字，有线栏，阴刻券文23行，满行19字。

券文记载墓主罗道训，徐州彭城郡彭城县都乡安上里人，生前"食邑五百户"，任魏郡广川令、龙骧将军等官职，于宋元嘉三十年七月下葬。

石柱 南朝
Stela *Southern Dynasties*
残高118厘米 宽37厘米 厚24厘米
淳化街道耿岗出土

石质。仅存柱身,风化较严重。柱身中部有
近方形石板,其上文字完全泐蚀。

石辟邪 南朝

Stone bixie-tomb-guard　*Southern Dynasties*

长127厘米　高94厘米

麒麟街道麒麟门麒麟山庄出土

石质。四肢及尾部残，风化较严重。狮形，昂首无角，圆胸前挺，身体两侧刻划有羽翼，躯体较为丰满。

高峿墓志铭　宋代
Epitaph of Gao Shi　*Song Dynasty*
长78.5厘米　宽79.5厘米　厚9.5厘米
江宁街道陆郎庙庄柳全村出土

石质。一合。近方形。志盖篆书"宋滁州军事推官高君墓志铭"。志文楷书，总26行，610字。

高峿，字希召，生于庆历二年（1042年），卒于绍圣五年（1098年），年五十七。曾在滁州任军事推官，有兴修水利之事。高峿墓志不仅补充了高峿在元丰初年与王安石在南京交往的史实，且其书者周沔据载与米芾齐名。在其书法作品今已无存的情况下，该志尤显珍贵。

王益墓志铭 宋代

Epitaph of Wang Yi Song Dynasty

志文长103厘米　宽74厘米　厚10厘米

志盖长98厘米　宽75厘米　厚9厘米

江宁开发区将军山出土

石质。一合。长方形。志盖阴刻"王公之墓"，志文28行，满行24字。部分字迹漫漶不清，但是志文中"母谢氏永安县太君"、"公先娶徐氏"、"三女适延平张奎"、"其卒年四十有六"、"四月十日安石以俟友故"等字样透露出墓主人的众多信息，同时根据相关资料基本可以确定墓主为王安石的父亲王益。王益，字损之，生于淳化甲午（994年），卒于宝元二年（1039年），年四十六。曾为江宁通判，葬于江宁（今南京市江宁区）。

沐择仁墓志铭　明代

Epitaph of Mu Zeren　*Ming Dynasty*

边长64.5厘米　厚8.5厘米

江宁开发区将军山出土

石质。一合，方形。志盖阴刻篆书"明故沐公子择仁墓志铭"，4行10字，篆题四周刻饰图案化的卷云纹。志文共29行，满行30字。墓志由经筵官同修国史金溪徐琼撰文，赐进士及第通义大夫南京工部右侍郎前国子祭酒陈仓刘骏书丹，骠骑将军南京左军都督府都督金事平峪高俊篆盖。

墓主沐谏，字泽仁，生于成化五年（1469年）七月二十六日，卒于成化二十年（1484年）十一月十一日，年十六。沐择仁系云南沐氏家族的创建者、黔宁王沐英的五世孙，其父为天顺至成化初年一度代镇云南的赞理都督沐瓒。

陈佐墓志　明代

Epitaph of Chen Zuo　*Ming Dynasty*

边长46.4厘米　厚7.4厘米

秣陵街道党家村旁静龙山出土

石质。方形。墓志盖阴刻篆文"大明故平江伯陈公墓志铭"。志文为楷书，共27行，满行28字。墓志由中宪大夫詹事府少詹事兼翰林侍讲学士国史总裁兼经筵官太原王英撰，儒林郎大理寺左寺副华亭张皦书丹并篆盖。

墓主陈佐，为陈瑄长子，第二任平江伯。生于洪武十九年（1386年），卒于正统元年（1436年）八月，年五十一。陈佐娶马氏，生有二子，长子陈豫。墓志材料填补了《明史》在陈瑄之子记载上的空白，对于平江伯家族研究具有重要价值。

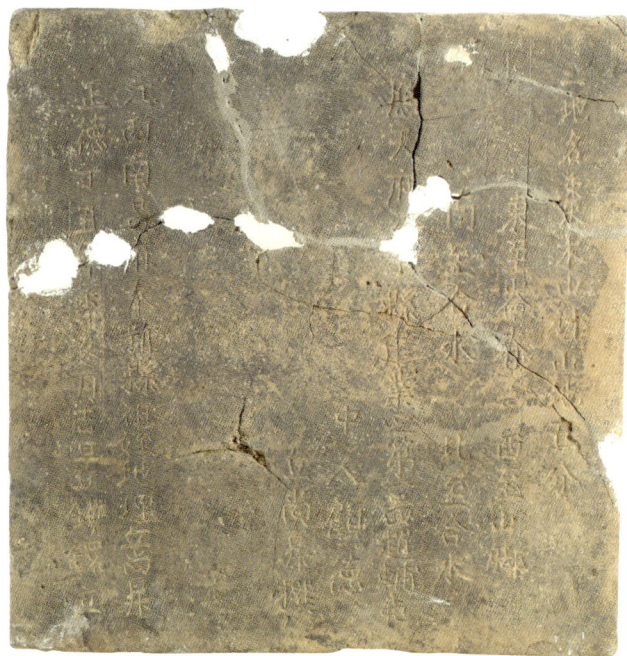

丘氏夫妇砖地券　明代

Land deed on brick with words "QiuShi Fufu"　*Ming Dynasty*

长31.5厘米　宽31.7厘米　厚3.5厘米

谷里街道周村社区大世凹村施家山出土

砖质。正方形，正背两面阴刻券文，正面8行，满行15字，背面12行，满行15字。

券文记载墓主丘志泉、夫人姚妙莲，迁葬于牛首山，卖地者赵辅，中人顾德，并表明买地券有两块，"一片在墓，一片存家"。

砖 瓦

BRICKS AND TILES

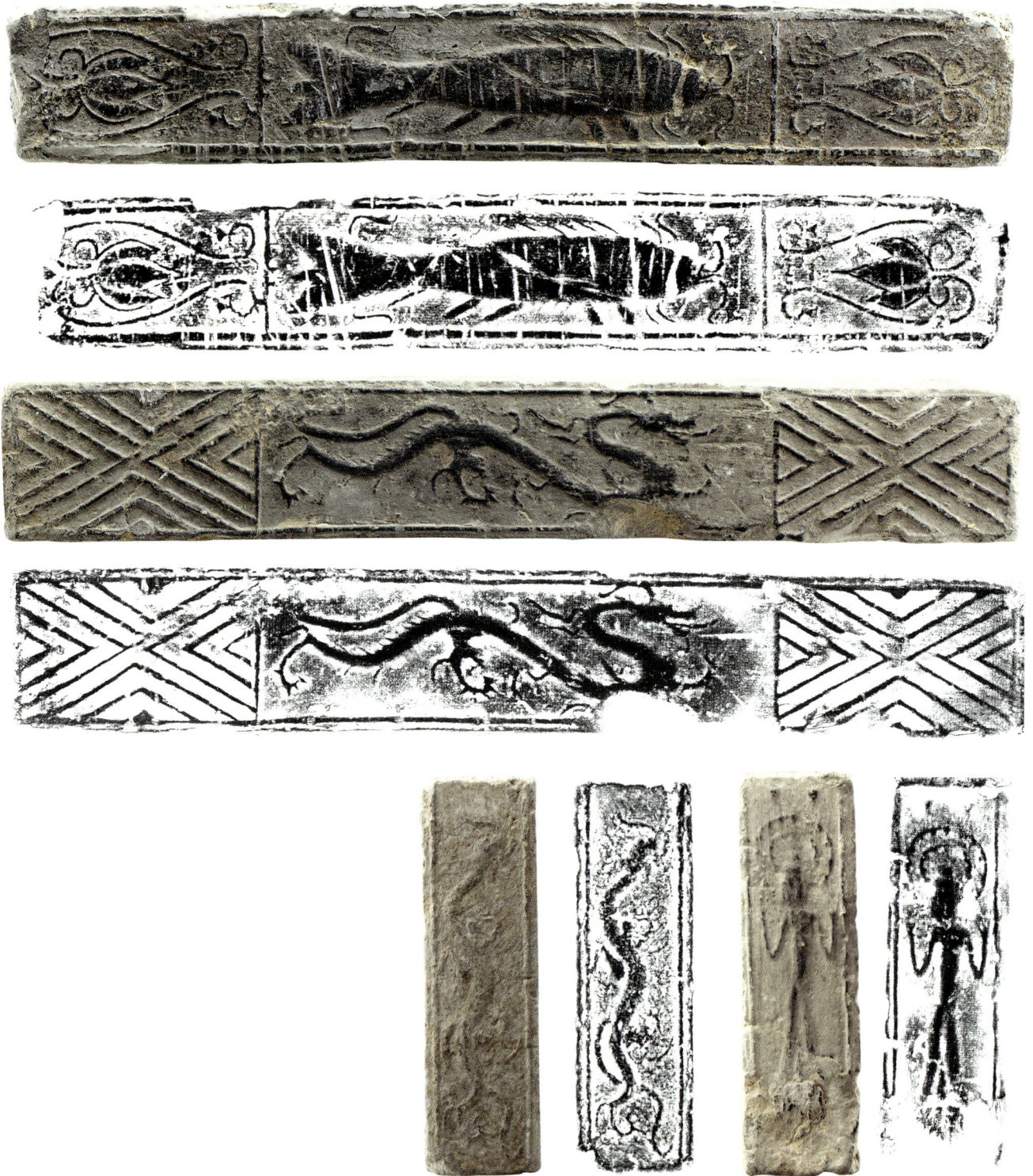

佛像砖 三国·吴
Brick with buddha design *Wu,Three Kingdoms period*
长34.5厘米 宽17厘米 高5.2厘米
江宁滨江开发区新民金村出土

砖质，长方形，四侧面模印不同图案。一长侧面的中间模印鱼纹，两
端模印忍冬纹；另一长侧面中间模印龙纹，两端模印复线菱形纹；一
短侧面模印龙纹；另一短侧面模印佛像，身形细长，站立于莲花座
上，双手上举，头顶梳高髻，身后两轮背光。

兽面纹橡当　东晋
Rafter-end with animal face pattern　*Eastern Jin Dynasty*
当面直径13.3厘米
馆藏

泥质灰陶。当面饰兽面纹。其眼角斜向上方、怒目而视、三角形高鼻、张口露齿，口作不规则长方形、眼、鼻上端及兽面四周满布兽须。当面中部上端有一圆形钉孔。

兽面纹瓦当 东晋
Tile-end with beast face design   *Eastern Jin Dynasty*
当面直径12.2厘米
馆藏

泥质灰陶。当面饰兽面纹。兽面双眼上竖,三角形鼻梁,长方形口,上端不封闭,张口露齿及舌。口下及周围满饰胡须与鬃毛。

手印墓砖 南朝

Handprint tomb brick *Southern Dynasties*

长33厘米 宽15.9厘米 厚4厘米

谷里街道九岛梦都工地出土

砖质。砖面中部有手掌及5个手指纹印，手印较清晰、规整。

火焰形灯龛画像砖　南朝

Portrait brick with flame-shaped lamp niche pattern　*Southern Dynasties*

长33.5厘米　宽34.5厘米　厚4厘米

江宁开发区将军山山水华门工地出土

砖质。两砖拼接，近方形，中空，呈火焰形，两侧为仕女纹饰，身材瘦长，
头扎双环髻，手上持有一物，身着长裙，头上部刻有柳条纹饰。

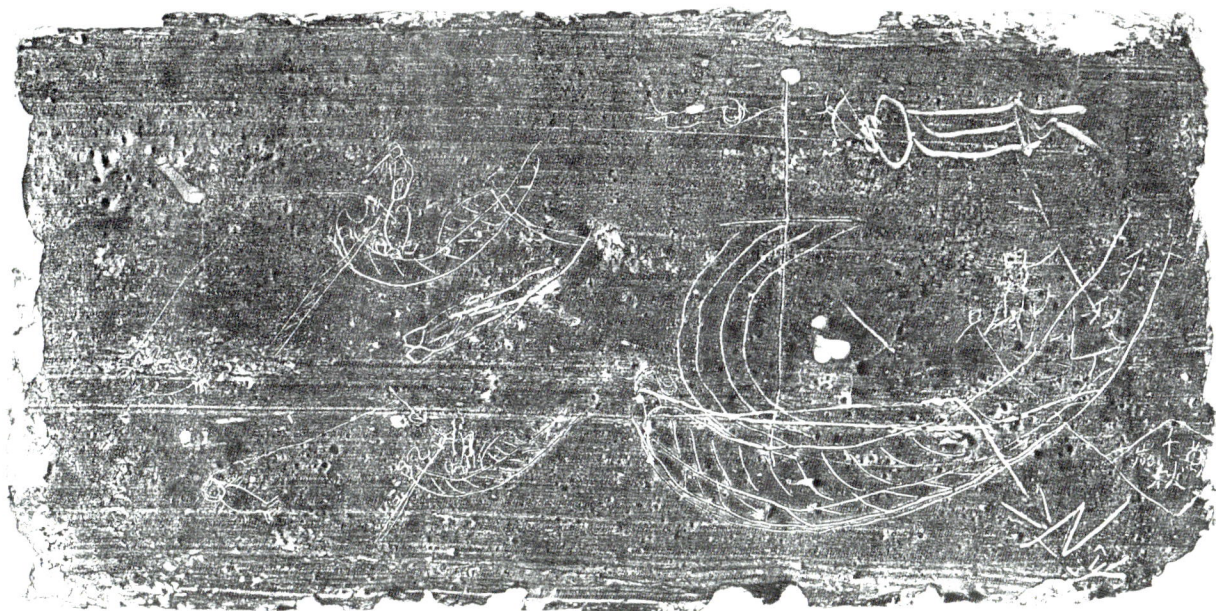

"乘舟垂钓图"画像砖　南唐
Portrait brick with pattern "Chengzhou Chuidiao Tu"　*Southern Tang Dynasty*
长42厘米　宽21厘米　厚9厘米
南唐二陵钦陵出土

砖质。长方形。平面浅刻三船，两艘小船上各有一人垂钓，大船风帆高悬，桅杆顶端两侧有云纹，其上人物衣冠整齐，舟尾刻有"千秋"二字，舟右下方刻有"千秋万岁"四字。

绿釉凤纹琉璃瓦当　明代

Glazed Tile-end with phoenix design　*Ming Dynasty*

长28厘米　宽13厘米

江宁开发区隐龙山出土

釉陶质。灰白胎、绿釉、局部剥落。当面中心模印浅
浮雕凤纹。凤首右顾、凤翼舒展、上、下端饰如意云
三朵。素宽缘、后接筒瓦。

绿釉龙纹琉璃滴水 明代
Glazed drip-tile with dragon design *Ming Dynasty*
长38厘米　宽23厘米
江宁开发区隐龙山出土

釉陶质。灰白胎，绿釉。滴水端面作如意云形，其上浅浮雕云
龙纹，龙作飞腾状，龙嘴大张，龙须较长，四足四爪，在龙首
前和龙身下有两处祥云纹。后接板瓦，板瓦施半釉。

莲花纹瓦当 明代
Tile-end with lotus design *Ming Dynasty*
当面直径15.5厘米
江宁开发区将军山出土

泥质灰陶。当面模印莲花纹中心一朵盛开莲花，花心圆
润，花瓣细长，顶端微卷。莲花四周饰有枝叶，枝叶纤
细，卷曲生动，其中还有两朵待放的花苞。

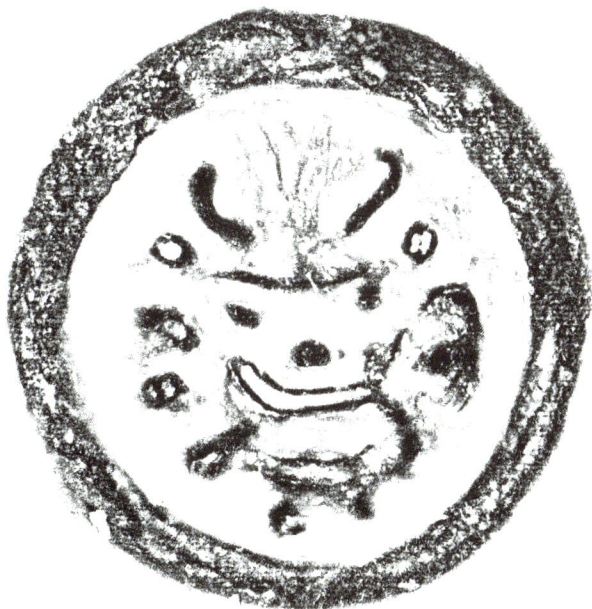

兽面纹瓦当　明代

Tile-end with beast face design　*Ming Dynasty*

当面直径14.5厘米

江宁开发区将军山出土

泥质灰陶。当面模印兽面纹、小眼斜向上方、小三角形鼻梁、"◡"形嘴、口下及周围满饰胡须。

缠枝花卉纹滴水　明代

Drip-tile with reeling lotus design　*Ming Dynasty*

长28厘米　宽13.5厘米

江宁开发区将军山出土

泥质灰陶。近三角形，顶边为弧形，腰边为连弧形。
中间模印一缠枝花卉，花心圆润，花瓣细长，顶端有
两处花瓣交叠。两侧各有一组卷云纹。

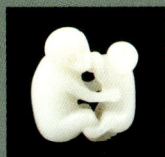

玉 器

JADE WARE

玉璧 汉代

Jade bi-disc *Han Dynasty*

直径23厘米　孔径4.5厘米　厚0.5厘米

横溪街道小丹阳窑厂出土

青玉质。通体青绿色，局部有沁痕。两面纹饰相同，从内到外
依次分为五个区域：一区和五区为素面，二区为谷纹，三区为
绳纹，四区为四组双首双身神兽纹。

鎏金孔雀石腰带 元代

Gilt bronze belt inlaid with malachite *Yuan Dynasty*

长2.2～5.4厘米　宽2.2～5.4厘米　厚0.5厘米

东山街道竹山南麓出土

孔雀石。共15块，其中长方形饰件7块，鸡心形
饰件4块，其余为带头和带襻。

玉带钩 三国·吴
Jade belt hook *Wu,Three Kingdoms period*
长10厘米 宽1.5厘米 高1.7厘米
东山街道上坊社区下坊村沙石岩出土

玉质。乳白色，通透光润，有细密灰褐色沁色。
钩首作螭龙回顾状，底部有圆钮。通体光素。

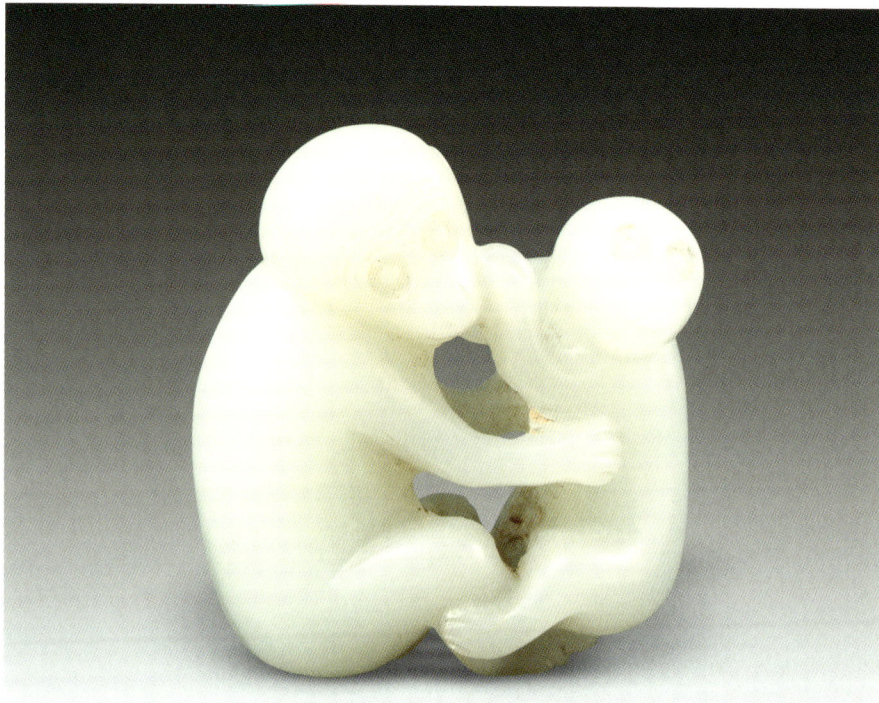

白玉母子猴饰件　明代

White jade decorations in mother-and-son-monkey shape　*Ming Dynasty*

长5厘米

馆藏

玉质。通体白润光洁。作母猴与小猴相抱之状，母猴双手搂住小猴
腋下，小猴一手摸母猴脸、一手摸母猴耳朵、面向前方。

蟠螭纹玉带钩　明代

Jade belt with interlaced hornless dragon design　*Ming Dynasty*

长6厘米　宽1.5厘米

馆藏

玉质。玉色白润。钩体长椭圆形，钩钮圆形。钩面透雕蟠
螭纹，蟠螭前足前伸，后足一弓一伸，呈爬行状。

蟠螭纹玉带钩　明代

Jade belt with interlaced hornless dragon design
Ming Dynasty

长5.5厘米　宽3.5厘米
馆藏

玉质。玉色白润。钩首作螭首回顾状，中穿
方孔，钩面浅浮雕蟠螭纹。

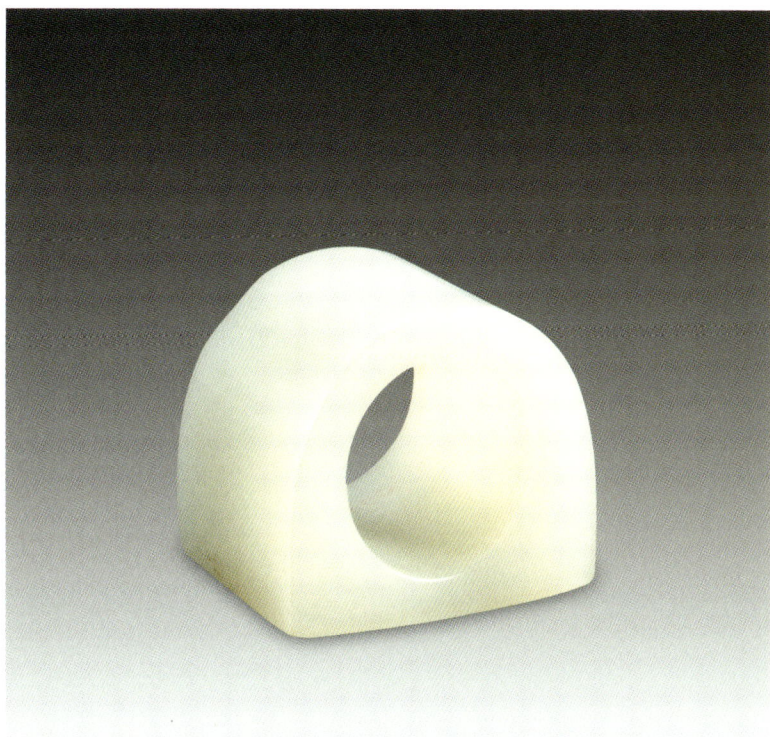

白玉扳指　清代

White jade BanZhi　*Qing Dynasty*

长3.5厘米厘米　孔径2厘米　高2.5厘米
馆藏

玉质。质地细腻，白洁莹润。中有圆形穿
孔，雕琢精致规整。通体抛光、光素无纹。

翡翠扳指　清代
Emerald BanZhi　*Qing Dynasty*
直径3.5厘米　孔径2厘米　高3厘米
谷里街道东善桥出土

翡翠质。色泽艳绿，质地细腻，莹润
洁净。圆筒形、中有穿孔、雕琢精致
规整。通体抛光，光素无纹。

翡翠玉镯　清代
Emerald bracelet　*Qing Dynasty*
直径7.5厘米
谷里街道东善桥出土

玉质。翠色莹润。截面呈圆形、土沁
痕迹过渡自然。

朝珠 清代

Beads *Qing Dynasty*

珠直径2厘米

谷里街道东善桥出土

色泽嫩绿，莹润洁净。由三颗翡翠珠和众多琥珀
珠穿缀而成。通体抛光，光素无纹。

翡翠包金发簪 *清代*
Emerald hairpin inlaid with gold *Qing Dynasty*
长10厘米　宽1厘米
馆藏

翡翠质。艳绿色、发色莹润。两端弯曲、状如柳叶、中部
包金、上刻有特殊符号和"新凤祥福呈金"六字铭文。

陶 器

POTTERY WARE

原始瓷盖盂 战国

Primitive celadon covered bowl *the Warring states*

口径10.5厘米　底径5.9厘米　通高7厘米

馆藏

原始瓷质。内外施青灰釉。盂直口、圆唇、斜直腹、
平底，内壁有密集的轮旋纹。弧形盖，绳纹盖钮。

原始瓷碗 战国
Primitive celadon bowl *the Warring states*
口径13厘米 底径7厘米 高4厘米
馆藏

原始瓷质。内外施青灰釉。敞口，圆唇，弧腹、
平底，内壁有轮旋纹。

原始瓷双系罐 战国

Primitive celadon jar *the Warring states*

口径17厘米 底径18厘米 高23.5厘米

江宁科学园交通职业技术学校工地出土

原始瓷质。胎质较细腻。直口、方唇、弧肩、鼓腹、下腹内
收、平底。肩附双系、肩部与腹部饰密集的直棱线纹。

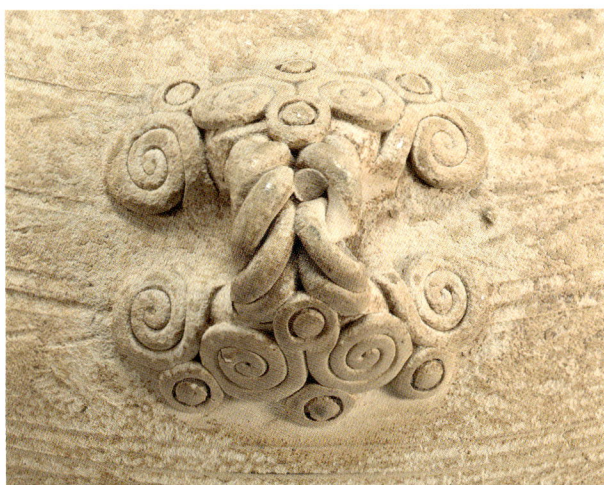

双耳釉陶瓿 汉代
Binaural glazed vase *Han Dynasty*
口径11厘米 底径23厘米 高26厘米
横溪街道小丹阳窑厂出土

釉陶质。肩及上腹施褐釉。敛口、平唇、鼓腹、下腹内收、底内凹、三扁平矮足。肩部有对称分布的绳纹双竖系，其间贴饰两卷云纹堆塑，腹以弦纹间隔，内饰斜刻划纹。

双耳釉陶壶 汉代

Binaural glazed pots *Han Dynasty*

口径16.4厘米　底径14.5厘米　高46厘米

禄口街道上穆村小大山出土

釉陶质。颈、肩及上腹施褐釉，局部剥落。盘口、长颈、鼓腹、下腹
内收，小圈足，底内凹。盘口与颈部饰两周水波纹带，肩部贴一对兽
面衔环蕉叶纹耳，腹部饰多道凹凸弦纹。

釉陶猪圈　汉代
Pottery pigsty　*Han Dynasty*
长12.7厘米　宽10.8厘米　高10厘米
馆藏

釉陶质。屋顶及陶猪等部位施褐釉。由厕所和猪圈两部分组成，厕
所为硬山式房屋、屋顶出檐、有瓦垄、在一侧山墙单开门；猪圈依
厕所墙而建，另三面围有矮墙，圈内有一陶猪，依猪栏而立。

挽发髻陶俑头　汉代
Pull the hair pottery figurine head　*Han Dynasty*
高11厘米　发髻长9厘米
馆藏

泥质灰陶。胎质细腻，顶部有一圆孔。俑面部五官
端正，眉眼细长，鼻梁窄直，薄唇紧闭，神情肃
穆。头束发髻，髻垂于脑后，呈螺旋锥形。

陶灯 三国·吴

Ceramic lamp *Wu, Three Kingdoms period*

灯盏口径10.7厘米　承盘底径13.2厘米　通高26.6厘米

东山街道上坊社区下坊村沙石岩出土

泥质红陶。承盘敞口、方唇、弧腹内收、平底，其口沿及上腹饰弦纹。承柱上细下粗、柱上承灯盏。盏口微敛，弧腹，盏外壁饰弦纹。

五联罐　三国·吴

Five connected with the pot　*Wu,Three Kingdoms period*

口径8.4厘米　底径16.4厘米　高26.8厘米

东山街道上坊社区下坊村沙石岩出土

泥质灰陶。中罐尖唇，短颈，溜肩，鼓腹，腹下渐收，平底。肩等距离
堆塑四个小罐，小罐圆唇，束颈，溜肩，鼓腹。五罐之间互不相通。

陶香熏 三国·吴
Pottery incense burner *Wu, Three Kingdoms period*
口径7.6厘米 底径8.4厘米 通高12厘米
东山街道上坊社区下坊村沙石岩出土

泥质灰陶。口内敛，鼓腹，假圈足外撇。肩饰一周方
格纹，上置一拱形提梁，器身有三排圆形镂孔。

灰陶灶　三国·吴

Grey pottery cooking stove　*Wu, Three Kingdoms period*

长25.2厘米　宽13.2厘米　高11.4厘米

东山街道上坊社区下坊村沙石岩出土

泥质灰陶。船形，前端有出烟孔，后有长方形火门，灶台面有两
个圆形火眼，上各置一釜，釜圆唇、溜肩、弧腹、圜底。

席纹双系褐釉陶罐　三国·吴

Two brown glazed pottery jar　*Wu,Three Kingdoms period*

口径10.8厘米　底径13.6厘米　高18.8厘米

东山街道上坊社区下坊村沙石岩出土

釉陶质。外表施褐釉，不及底。盘口、圆唇外侈、束颈、广肩、鼓腹、下腹
内收、平底略内凹。器身拍印席纹，腹饰两周弦纹、肩部贴塑对称横系。

堆塑人物楼阁褐釉陶罐　三国·吴

Red pottery funerary vase with human figures and storied buildings　*Wu,Three Kingdoms period*

底径13.6厘米　通高34.2厘米

横溪街道小丹阳泗泷选矿厂出土

釉陶质。通体施红褐釉，局部剥落。分上、下两部分。上部楼阙共两层：上层为方形翘檐屋顶以及飞鸟环绕的四小罐，下层四个门阙处贴塑四组八个跪拜人物。下部为罐身，环绕罐腹贴塑有四条团龙纹。

陶帷帐座 西晋
Pottery curtain seat *Western Jin Dynasty*
直径16厘米 厚6厘米 孔径2.5厘米
谷里街道周村社区郑家村和尚山出土

陶质。圆柱形，中有圆形穿孔。

陶砚 东晋

Pottery inkstone   *Eastern Jin Dynasty*

口径30厘米　底径29.6厘米　高5.3厘米

东山街道上坊社区南京众彩农副产品批发市场出土

泥质灰陶。胎质细腻。起砚墙、砚面微凸、三矮足。

黑釉四系盘口罐 东晋

Black glazed pottery jar with four lug handles   *Eastern Jin Dynasty*

口径19厘米　底径18.5厘米　高52厘米

馆藏

釉陶质。通体施黑釉、釉层厚润、口沿脱落较重。盘口、束颈、深鼓腹、平底。肩部有对称的双复竖系。

陶俑 南朝
Pottery figurine *Southern Dynasties*
肩宽8厘米 高28.6厘米
谷里街道九岛梦都工地出土

泥质灰陶。男性，头戴冠，冠顶前低后高。长脸，五官刻划清晰。身穿交领窄袖束腰长袍，内有齐颈中衣，两手拢于胸前，下着遮足的喇叭裙。

陶俑 南朝
Pottery figurine *Southern Dynasties*
肩宽8厘米 高31.5厘米
谷里街道九岛梦都工地出土

泥质灰陶。男性，头戴冠，冠顶前低后高，五官端正。身穿交领宽袖长袍，袍袖宽大下垂，形成线条优美的皱褶。双手拢于腹前，足尖微露。

陶俑 南朝
Pottery figurine *Southern Dynasties*
肩宽6.5厘米 高28.6厘米
横溪街道陶吴社区出土

泥质红陶。女性、长发挽成圆形发髻，长眉秀目，面带微笑。身穿宽袖长袍，袍袖宽大下垂，形成线条优美的褶皱。两手拢于胸前，足不外露。

陶俑 南朝
Pottery figurine *Southern Dynasties*
肩宽9厘米 高31.5厘米
谷里街道九岛梦都工地出土

泥质灰陶。女性、长发挽成扇形髻，两鬓遮住双耳。椭圆形脸，眉清目秀，神情端庄。上穿交领长襦，双手拢于袖中，袖口下垂，宽大飘逸。下着曳地长裙，足尖外露。

061

陶镇墓兽　南朝
Pottery tomb guard　*Southern Dynasties*
长29厘米　高19.4厘米
谷里街道九岛梦都工地出土

泥质灰陶。貌似犀牛。头长独角，背脊四个尖角前耸，下腹双翼如鸟翅、身体粗壮，腹部中空，四肢直立，作行走状，短尾下垂。

莲花纹陶盆　南朝

Lotus pottery basin　*Southern Dynasties*

口径28厘米　底径23厘米　高9厘米

馆藏

泥质灰陶。敞口、圆唇、深腹、平底。内底刻画十六瓣莲花纹，中央为莲籽，边缘饰水波纹。外底线刻图案为一座院落、院落用竹篱笆编结围墙，院门与后面有一排长廊，似用竹木建构，其屋脊两端翘起内曲，后院内有竹林、竹笋数杆。

黑釉陶瓶　明代

Black glaze bottle　*Ming Dynasty*

口径8厘米　底径10.5厘米　高24.5厘米

秣陵街道党家村静龙山出土

釉陶质。乌金釉，釉面色黑如漆。小口，圆唇外卷，
短颈，丰肩，肩下渐收，下腹内收，平底。素面。

狮钮紫砂壶　清代
A lion knob purple sand pot　*Qing Dynasty*
口径8.5厘米　底径8.5厘米　通高11厘米
麒麟街道东郊小镇工地出土

紫砂质。壶身圆柱形，直腹微撇，曲柄，弯流、平底。壶侧浮雕四个
三层塔楼，塔身正中为半圆形小门。盖顶狮钮，狮回首俯卧，双目圆
瞪，张牙露齿；流与壶身连接处出一龙首，口中出流。

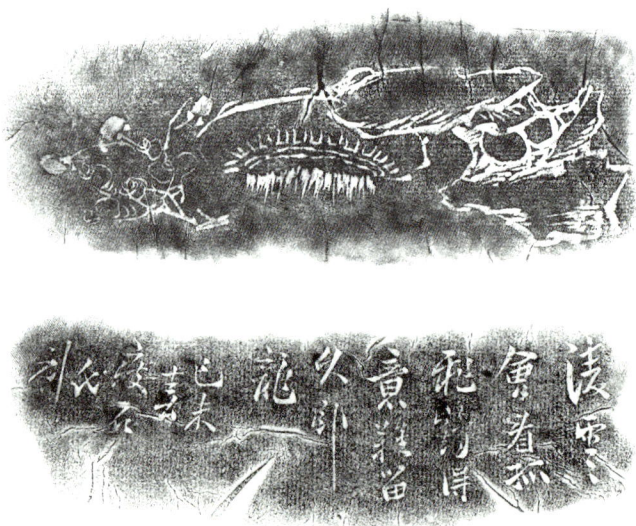

紫砂鼓式盖罐　清代
Purple clay jar with cover　*Qing Dynasty*
口径9厘米　底径10厘米　通高11厘米
馆藏

紫砂质。罐体敛口、尖唇，鼓腹，下腹内收，近底有一周25个乳钉，
平底内凹。上为平顶罐盖，盖缘有22个凸起乳钉。罐盖与罐底均有题
款，盖顶篆文"子孙曾（增）女（汝）自作旅盘"8字、器身行书"凌
云会看孤飞鹤，得意难留久卧龙。己未春，疲石氏刻"21字。

瓷 器

PORCELAIN

青瓷龙首四系罐　三国·吴

Celadon jar with four lug handles and a dragon head　*Wu, Three Kingdoms period*

口径12.8厘米　底径11.2厘米　高19厘米

江宁滨江开发区牧龙孙元村出土

瓷质。灰白胎，青绿釉，施釉不及底。直口、方唇，溜肩，鼓腹，下腹内收，平底内凹。肩饰凹弦纹和水波纹带，其间对称分布有四个横系，前出一龙首状流，流与罐体相通。

青瓷网格纹双系罐　三国·吴

Celadon jar with two lug handles　*Wu, Three Kingdoms period*

口径13.2厘米　底径9.6厘米　高13.4厘米

东山街道上坊社区东宁建材厂出土

瓷质。灰白胎，青绿釉，施釉不及底。直口，圆唇，溜肩，鼓腹，下腹内收，平底略内凹。肩部模印一周网格纹带，贴有对称的蕉叶纹系。

青瓷四系罐 三国·吴

Celadon jar with four lug handles　*Wu, Three Kingdoms period*

口径11.5厘米　底径18.7厘米　高22厘米

东山街道上坊社区南京众彩农副产品批发市场出土

瓷质。灰白胎，青釉，施釉不及底。直口、圆唇、丰肩、直壁、深
腹，近底略内收，平底略内凹。肩饰两周弦纹、肩部贴有四横系。

青瓷双系罐　三国·吴

Celadon jar with two lug handles　*Wu, Three Kingdoms period*

口径17厘米　底径11.5厘米　高19.7厘米

东山街道上坊社区东宁建材厂出土

瓷质。灰白胎，青黄釉，施釉不及底。直口，方唇，溜肩，鼓腹，下腹内收，平底略内凹。肩饰三周凹弦纹及一周网格纹带，其间贴有一对蕉叶纹竖系与一对衔环铺首。

青瓷联珠纹双系罐　三国·吴
Celadon jar with two lug handles　*Wu,Three Kingdoms period*
口径18.5厘米　底径12厘米　高19.2厘米
东山街道上坊社区东宁建材厂出土

瓷质。灰白胎，青釉。直口、圆唇，溜肩、鼓腹，下腹内收，
平底略内凹。肩饰两周联珠纹及一周网格纹带，其间对称分布
有双系与一对衔环铺首。

青瓷鸡首双系罐 三国·吴

Celadon jar with two lug handles and a chicken headed spout　*Wu, Three Kingdoms period*

口径12厘米　底径15厘米　高22厘米

江宁街道上湖窑厂出土

瓷质。灰白胎，青灰釉，局部剥落。直口、圆唇、短颈、溜肩、鼓腹、下腹内收、平底略内凹。肩饰三周弦纹及一周网格纹带，其间贴有一对蕉叶纹系及鸡首、鸡尾。鸡冠竖起、尖喙、圆目。

青瓷鸡首双系罐　三国·吴

Celadon jar with two lug handles and a chicken headed spout　*Wu,Three Kingdoms period*

口径12.5厘米　底径14厘米　高18.5厘米

江宁街道上湖窑厂出土

瓷质。灰白胎，青褐釉，施釉不及底，大部分剥落。直口、圆唇，鼓腹，下腹内收，平底略内凹。口沿与颈部饰弦纹及一周网格纹带，肩部贴饰对称的竖系及鸡首和扇形尾。鸡首高冠，尖喙，粗颈。

青瓷回形方格纹四系罐　三国·吴
Celadon jar with four lug handles　*Wu,Three Kingdoms period*
口径10厘米　底径6.7厘米　高6厘米
东山街道上坊社区东宁建材厂出土

瓷质。灰白胎，青釉，施釉不及底。直口、圆唇、斜肩、鼓腹、下腹内收、平底略内凹。肩饰一周回形斜方格纹带、其间贴有四个对称的横系。

青瓷弦纹双系盖钵　三国·吴
Celadon bowl　*Wu,Three Kingdoms period*
口径13.5厘米　底径14厘米　高14.5厘米
江宁滨江开发区新民金村出土

瓷质。灰白胎，青釉。直口、圆唇、丰肩、鼓腹、下腹内收、足外撇、平底略内凹。肩附对称的绳纹竖系。盖子母口、弧顶、环钮、盖面饰数周细弦纹。

青瓷双系盘口壶　三国·吴
Celadon jar with dish-link mouth　*Wu,Three Kingdoms period*
口径13.5厘米　底径10.8厘米　高26厘米
馆藏

瓷质。灰白胎、青釉，施釉不及底。浅盘口、宽折沿、圆唇、颈较粗、
弧肩、鼓腹、下腹内收、平底略内凹。肩饰弦纹、并贴有对称的竖系。

青瓷网格纹四系盘口壶 三国·吴

Celadon jar with dish-link mouth *Wu, Three Kingdoms period*

口径14.8厘米　底径11.6厘米　高25厘米

东山街道上坊社区东宁建材厂出土

瓷质。灰白胎、青绿釉，施釉不及底，有垂釉现象。浅盘口、圆唇、短颈、溜肩、鼓腹、下腹内收、平底略内凹。外盘口有两道凹弦纹，肩饰一周斜方格纹装饰带，并贴有对称的蕉叶纹双复竖系。

青瓷双系盘口壶　三国·吴

Celadon jar with dish-link mouth　*Wu,Three Kingdoms period*

口径9.7厘米　底径8.6厘米　高16.5厘米

东山街道上坊社区南京众彩农副产品批发市场出土

瓷质。灰白胎，青釉，施釉不及底。浅盘口、圆唇外侈、短颈、溜肩、鼓腹，下腹内收、平底略内凹。肩饰弦纹、联珠纹及网格纹带，其间贴有对称的蕉叶纹竖系和铺首。

青瓷双系盘口壶　三国·吴
Celadon jar with dish-link mouth　*Wu, Three Kingdoms period*
口径12.5厘米　底径10.9厘米　高23厘米
馆藏

瓷质。灰白胎，青釉，施釉不及底。浅盘口，圆唇，鼓腹，下腹内收，平底略内凹。肩饰一周网格纹带，其间贴有对称的竖系及衔环铺首。

青瓷双系盘口壶　三国·吴

Celadon jar with dish-link mouth　*Wu,Three Kingdoms period*

口径10厘米　底径8.8厘米　高18厘米

东山街道上坊社区南京众彩农副产品批发市场出土

瓷质。灰白胎，青灰釉，施釉不及底。浅盘口，圆唇，鼓腹，下
腹内收，平底略内凹。肩饰弦纹及一周网格纹带，其间贴有对称
的竖系及衔环铺首。

青瓷网格纹洗　二国·吴
Celadon xi-basin　*Wu, Three Kingdoms period*
口径24厘米　底径9.6厘米　高14.7厘米
江宁滨江开发区牧龙孙元村出土

瓷质。灰白胎，青灰釉。敞口、圆唇、广腹、平底略内
凹。口沿饰数周弦纹，肩、腹饰弦纹及一周网格纹带。

青瓷刻双翼纹虎子　三国·吴
Celadon urinal　*Wu,Three Kingdoms period*
长23.3厘米　宽12.5厘米　高17厘米
江宁滨江开发区新民金村出土

瓷质。灰白胎，青灰釉。茧形，蹲踞状，流作虎首形，流口
前伸上翘，虎眼、鼻、耳刻划生动，均贴塑而成。腹部两侧
有刻划双翼，臀部圆形内凹，下有四足。拱形提梁，上刻绳
纹、末端附一尾。

青瓷刻双翼纹虎子 三国·吴
Celadon urinal *Wu, Three Kingdoms period*
长23.6厘米 宽13.6厘米 高18厘米
东山街道上坊社区东宁建材厂出土

瓷质。灰白胎，青灰釉。茧形、蹲踞状，管状流，流口
上翘，腹部两侧有刻划的双翼，臀部圆形内凹，下有四
足。拱形提梁，上刻绳纹，木端附一尾。

青瓷狮形烛台　三国·吴

Celadon candle stand in the shape of a lion　*Wu, Three Kingdoms period*

长11厘米　宽5.3厘米　高8厘米

东山街道上坊社区东宁建材厂出土

瓷质。灰白胎，青灰釉。蹲踞状，昂首瞠目，双耳耸立，眉脊粗壮，张口龇牙，颌下有长须，项脊有刻划鬃毛，腹部两侧有刻划的飞翼，尾呈蕉叶状。脊中部有一圆孔与腹相通。

青瓷蛙形水注　三国·吴

Celadon frog-shaped water dropper　*Wu, Three Kingdoms period*

口径2厘米　底径4厘米　高4.5厘米

东山街道上坊社区石马冲出土

瓷质。灰白胎，青黄釉。直口，广肩，鼓腹，平底略内凹。蛙首与四肢贴附于器体之上。背有一管状插孔与器身相通。

084

青瓷水盂 三国·吴
Celadon water jar *Wu,Three Kingdoms period*
口径4.2厘米 底径4厘米 高3.1厘米
江宁滨江开发区牧龙孙元村出土

瓷质。灰白胎、豆青釉。敛口、广肩、扁圆腹、
平底略内凹。肩饰数周菱形方格纹带。

青瓷唾壶 三国·吴
Celadon spittoon *Wu,Three Kingdoms period*
口径7.5厘米 底径6.8厘米 高8.5厘米
东山街道上坊社区南京众彩农副产品批发市场出土

瓷质。灰白胎、青绿釉。浅盘口、短颈、弧肩、扁
圆腹、足外撇。腹部饰一周模印的龙形纹，上下有
数道弦纹，在龙纹带上饰有三个衔环铺首。

青瓷羊首笔洗　三国·吴

Celadon xi-basin　*Wu, Three Kingdoms period*

口径18.4厘米　底径8.8厘米　高6.4厘米

江宁滨江开发区牧龙孙元村出土

瓷质。灰白胎，青绿釉，局部剥落。敞口、圆唇、宽
折沿、鼓腹、下腹内收、平底略内凹。腹饰一周斜方
格纹，内填井字状网格纹。洗内底部塑一羊首。

青瓷唾壶 三国·吴
Celadon spittoon *Wu,Three Kingdoms period*
口径9.4厘米　底径10.2厘米　高8.3厘米
江宁滨江开发区牧龙孙元村出土

瓷质。灰白胎，青绿釉，施釉不及底。浅盘口、短颈、弧肩、扁圆腹、假圈足、足外撇。肩饰一周菱形纹，上有三周凸弦纹，腹部贴四只模印的辟邪。

青瓷唾壶 三国·吴
Celadon spittoon *Wu,Three Kingdoms period*
口径6.5厘米　底径6.5厘米　高8厘米
横溪街道小丹阳西岗选矿厂出土

瓷质。灰白胎，青灰釉。浅盘口、短颈、弧肩、鼓腹、假圈足、平底略内凹。肩饰三周弦纹与一周网格纹，肩部贴三个衔环铺首。

青瓷仙人骑兽唾壶　三国·吴
Celadon spittoon　*Wu,Three Kingdoms period*
口径8.7厘米　底径8.4厘米　高9.6厘米
江宁滨江开发区新民金村出土

瓷质。灰白胎，青灰釉。浅盘口，短颈，弧肩，扁圆腹，圈
足，足外撇。肩印一周斜方格纹，上下压印两周联珠纹，间
以弦纹，上腹部贴有对称的模印仙人骑兽及铺首。

青瓷回形方格纹四系罐　西晋

Celadon jar with four lug handles　*Western Jin Dynasty*

口径9.4厘米　底径8.5厘米　高14厘米

谷里街道周村社区郑家村和尚山出土

瓷质。灰白胎，青釉，施釉不及底，并有垂釉现象。浅盘口、圆唇、斜肩、鼓腹、近底略内收、平底略内凹。肩饰三周弦纹及一周回纹，并对称贴附四横系。

青瓷联珠纹双系罐　西晋

Celadon jar with two lug handles　*Western Jin Dynasty*

口径14厘米　底径9.3厘米　高17厘米

东山街道上坊社区特殊学校工地出土

瓷质。灰白胎，青绿釉，施釉不及底。敞口、圆唇、短
颈、深弧腹，下腹内收，平底略内凹。肩饰一周联珠
纹，肩部有对称的两个横系。

青瓷网格纹钵　西晋
Celadon bowl　*Western Jin Dynasty*
口径19.3厘米　底径13.8厘米　高9.3厘米
馆藏

瓷质。灰白胎、青绿釉、有垂釉现象。微敛口、圆唇、弧腹、
平底略内凹。口沿处有一缺口。口沿下饰弦纹间网格纹带。

青瓷网格纹钵 西晋

Celadon bowl *Western Jin Dynasty*

口径20厘米　底径10厘米　高7厘米

江宁开发区佛城西路统宝光电工地出土

瓷质。灰白胎，青绿釉、施釉不及底。微敛口、圆唇、弧腹、平底略内
凹。内底饰水波纹，外腹部饰弦纹间网格纹带，口下贴有一对衔环铺首。

青瓷双系盘口壶　西晋
Celadon jar with dish-link mouth　*Western Jin Dynasty*
口径13厘米　底径10厘米　高20厘米
东山街道上坊社区石马冲出土

瓷质。灰白胎，青灰釉，施釉不及底。盘口、粗短颈、鼓
腹、下腹内收、平底略内凹。外沿饰一周凸弦纹，肩饰四
周弦纹间网格纹带，肩部有一对贴塑的蕉叶纹竖系。

青瓷双系盘口壶 西晋

Celadon jar with dish-link mouth *Western Jin Dynasty*

口径5.3厘米 底径6.1厘米 高9.2厘米

东山街道上坊社区南京众彩农副产品批发市场出土

瓷质。灰白胎，青釉、施釉不及底，有垂釉现象。浅盘口、圆唇、短颈、鼓腹、下腹内收、平底略内凹。肩饰弦纹间一周网格纹，肩部有对称的竖系与衔环铺首。

青瓷鸡首双系盘口壶 西晋

Celadon ewer with chicken headed spout *Western Jin Dynasty*

口径6厘米 底径6.1厘米 高10厘米

东山街道上坊社区南京众彩农副产品批发市场出土

瓷质。灰白胎，青釉、施釉不及底，有垂釉现象。浅盘口、圆唇、短颈、鼓腹、下腹内收、平底略内凹。肩饰三周弦纹间一周网格纹，肩部两侧贴有对称的双竖系，另两侧有贴塑的鸡首和鸡尾。鸡冠竖起，凸目，尖喙。

青瓷鸡首双系盘口壶 西晋
Celadon ewer with chicken headed spout *Western Jin Dynasty*
口径4.2厘米 底径4厘米 高7.5厘米
谷里街道周村社区郑家村和尚山出土

瓷质。灰白胎，青釉，施釉不及底。浅盘口，圆唇，鼓腹，下
腹内收，平底略内凹。肩饰一周联珠纹及一周网格纹装饰带，
其间对称贴附双竖系、鸡首和鸡尾。鸡冠竖起、尖喙。

青瓷簋 西晋

Celadon gui-vessel *Western Jin Dynasty*

口径24厘米 底径16.5厘米 高13.8厘米

东山街道上坊社区特殊学校工地出土

瓷质。灰白胎，青灰釉。直口微侈，深弧腹，高圈足，
足外撇。腹部饰弦纹，口下有一对贴附的铺首。

青瓷洗　*西晋*

Celadon xi-basin　*Western Jin Dynasty*

口径34.6厘米　底径21.2厘米　高8.4厘米

东山街道上坊社区特殊学校工地出土

瓷质。灰白胎、青釉、施釉不及底、有垂釉现象。敞口、
宽折沿、尖圆唇、弧腹、平底内凹。腹饰数周弦纹。

青瓷熊足洗 西晋

Celadon basin with three legs *Western Jin Dynasty*

口径26厘米 底径12厘米 高10厘米

谷里街道向阳社区眼香庙山出土

瓷质。灰白胎，青绿釉，施釉不及底。敞口，宽折沿，尖
圆唇，弧腹，平底，三熊足。口沿和内底各饰一周水波
纹，肩、腹部饰两周弦纹，有三个贴附的衔环铺首。

青瓷刻双翼纹虎子 西晋
Celadon urinal *Western Jin Dynasty*
长24.7厘米 宽13厘米 高19厘米
湖熟街道汤铜路大塘冲工地出土

瓷质。灰白胎、青灰釉。茧形、蹲踞状、流口前伸上翘，虎眼、
鼻、耳刻划生动，均贴塑而成。腹部两侧刻划双翼，臀部圆形内
凹、下有四足。拱形提梁、上刻绳纹、末端附一尾。

青瓷刻双翼纹虎子　西晋
Celadon urinal　*Western Jin Dynasty*
长23厘米　宽12.5厘米　高17.2厘米
东山街道上坊社区特殊学校工地出土

瓷质。灰白胎，青灰釉。茧形、蹲踞状，流口前伸
上翘。腹部两侧刻划双翼，臀部圆形内凹，下有四
足。拱形提梁、上刻绳纹、末端附一尾。

青瓷刻双翼纹虎子　西晋

Celadon urinal　*Western Jin Dynasty*

长28厘米　宽8.5厘米　高19厘米

江宁开发区统宝光电工地出土

瓷质。灰白胎、豆青釉。茧形、蹲踞状、管状流、流口前伸上
翘、有虎形贴饰、虎眼、鼻、耳刻划生动。腹部两侧刻划双翼、
臀部圆形内凹、下有四足。拱形提梁，上刻绳纹，末端附一尾。

青瓷熊足砚　西晋

Celadon inkstone with three legs　*Western Jin Dynasty*

口径17.2厘米　底径17厘米　高4.2厘米

馆藏

瓷质。灰白胎，淡青釉。起砚墙，砚面微凸，平底，三熊足。

青瓷狮形烛台 西晋

Celadon candle stand in the shape of a lion *Western Jin Dynasty*

长12厘米　宽6厘米　高7.8厘米

东山街道上坊社区特殊学校工地出土

瓷质。灰白胎，青褐釉，局部剥落。蹲踞状、昂首瞠目、双耳耸立、眉脊粗壮、张口龇牙、颌下有长须，项脊刻划鬃毛，腹部两侧有刻划的飞翼。尾呈蕉叶状。脊中部竖一管状插孔与腹相通。

青瓷蛙形水注 西晋

Celadon frog-shaped water dropper *Western Jin Dynasty*

口径2厘米　底径4厘米　高6厘米

江宁街道上湖窑厂出土

瓷质。灰白胎、青褐釉、局部剥落。直口、鼓腹、平底略内凹。蛙首与四肢贴塑于器体之上。背部有一筒形插孔与器身相通。

青瓷猪圈　西晋

Celadon sty　*Western Jin Dynasty*

口径16厘米　底径15厘米　高9厘米

东山街道上坊社区中下村出土

瓷质。灰白胎，青灰釉。圆形，栅栏式圈栏，栏弯曲呈腰形，圈栏内一猪正俯首觅食。

青瓷堆塑人物楼阁罐　西晋

Celadon funerary vase decorated with human figures and storied buildings　*Western Jin Dynasty*

底径13.5厘米　通高44.5厘米

馆藏

瓷质。灰白胎，青灰釉。分为上、下两部分。上部堆塑楼阁、人物等，其顶层为一院落，院墙中部开设对称的大门，四角各有一个角楼，院内中央为一座四角攒尖顶二层楼阁。中层四角各设一小罐，罐口栖息飞鸟。下层堆塑有门阙、走兽、佛像等；下部罐形，肩部与腹部饰网格纹带，分层贴塑兽首、佛像、仙人骑兽、走兽等。

青瓷灶　*西晋*

Celadon stove　*Western Jin Dynasty*

长18厘米　宽14.5厘米　高11.5厘米

东山街道上坊社区特殊学校工地出土

瓷质。灰白胎，青灰釉，施釉不及底。船形，前有出烟孔，后有长方形火门。灶面有两圆形火眼，上各置一釜。釜圆唇、溜肩、弧腹、圜底。

青瓷堆塑人物楼阁罐　*西晋*

Celadon funerary vase decorated with human figures and storied buildings
Western Jin Dynasty

底径16厘米　通高50厘米

谷里街道周村社区郑家村和尚山出土

瓷质。灰白胎，青灰釉。分为上、下两部分。上部堆塑两层楼阁。上层为一院落，院墙正中开设对称大门，四角各有一个角楼，楼开有望孔。院内中央为一座四角攒尖顶两层楼房。下层堆塑立阙、以及以立熊为支柱的门楼。下部为罐形，腹部贴塑乐舞胡人等。

青瓷点褐彩盖罐 东晋

Celadon covered jar with spot design *Eastern Jin Dynasty*

口径9厘米 底径11厘米 高20.5厘米

馆藏

瓷质。灰白胎，青黄釉。罐敛口，圆鼓腹，下腹内收，平底
略内凹。覆钵形盖，盖顶有环钮。盖面及罐外壁所饰褐色圆
形点彩连成横竖交叉的线条，形成条状装饰带。

青瓷四系盖罐 东晋

Celadon jar with four lug handles *Eastern Jin Dynasty*

口径8.2厘米 底径9.2厘米 高10.1厘米

东山街道上坊社区南京众彩农副产品批发市场出土

瓷质。灰白胎，青绿釉，施釉不及底。直口、圆唇、斜肩、弧腹，下腹内收，平底略内凹。肩部饰一周弦纹，贴有对称的四横系。覆钵形盖，子母口、环钮、顶饰褐色点彩。

青瓷四系兽钮盖罐　东晋

Celadon jar with four lug handles　*Eastern Jin Dynasty*

口径16.5厘米　底径14厘米　高14厘米
东山街道上坊社区石马冲谢家山出土

瓷质。灰白胎，青黄釉。直口、圆唇、斜肩、鼓腹、下腹内收、
平底略内凹。肩饰四周弦纹，并对称分布四横系。覆钵形盖、子
母口、兽形钮、盖面饰四个圆形褐色点彩。

青瓷四系盘口壶　东晋
Celadon jar with dish-link mouth　*Eastern Jin Dynasty*
口径10厘米　底径12厘米　高17厘米
横溪街道丹阳社区出土

瓷质。灰白胎，青灰釉，施釉不及底。浅盘口、圆唇、
颈略粗、鼓腹、下腹部内收、平底略内凹。肩部饰数周
弦纹，并有对称分布的四横系。

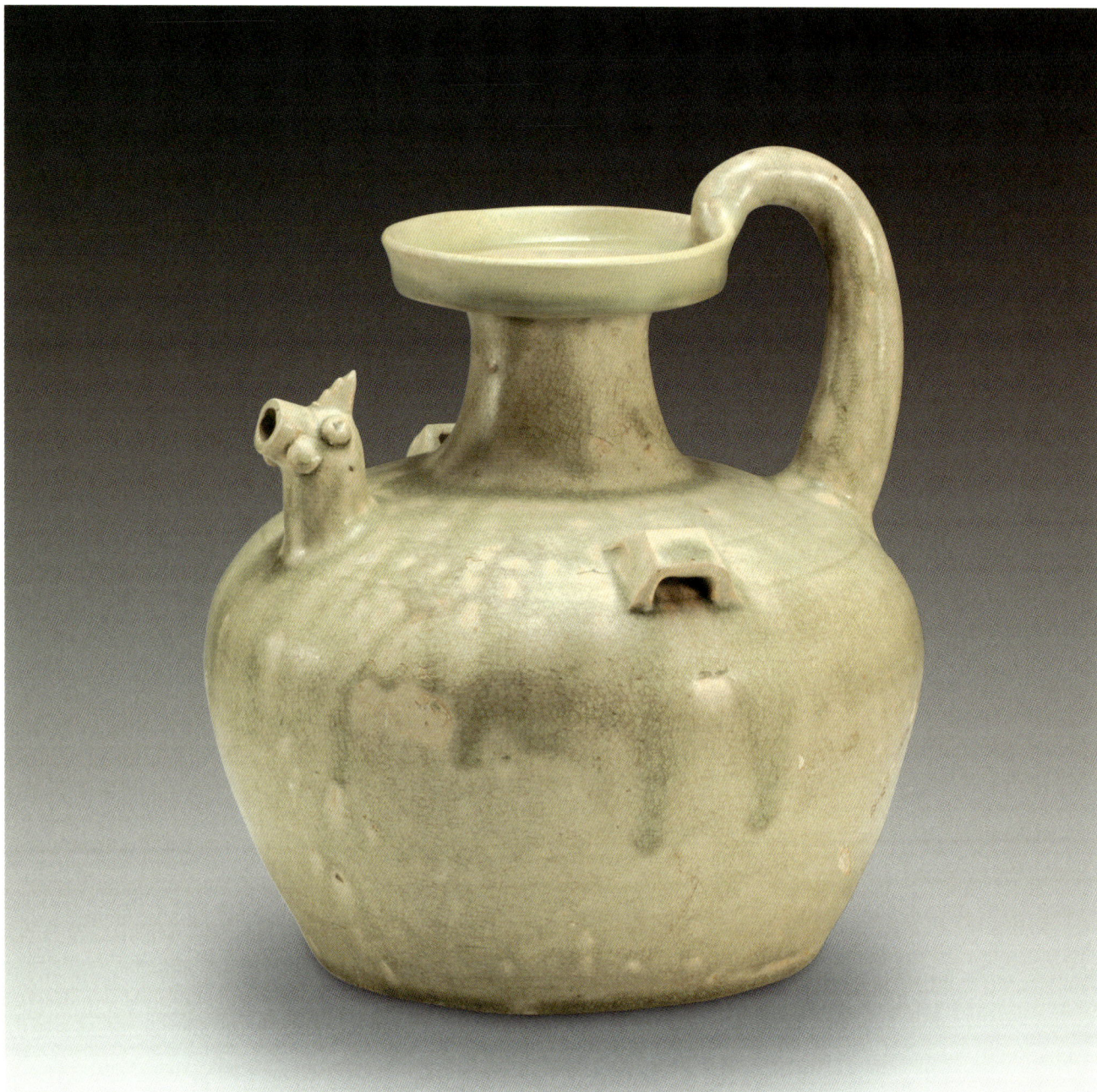

青瓷鸡首壶　东晋

Celadon ewer with chicken headed spout　*Eastern Jin Dynasty*

口径8厘米　底径14厘米　高21厘米

馆藏

瓷质。灰白胎，青绿釉，有垂釉现象。浅盘口、颈较长，溜肩，鼓腹，平底。肩部有对称的两桥形系，并贴塑鸡首和执柄。鸡嘴与器腹相通，鸡冠高耸，颈略长。长柄上部接盘口。

青瓷龙柄鸡首壶 东晋

Celadon ewer with chicken headed spout and dragon handle *Eastern Jin Dynasty*

口径9厘米　底径12.8厘米　高21厘米

东山街道上坊社区南京众彩农副产品批发市场出土

瓷质。灰白胎，青灰釉，施釉不及底，局部剥落。浅盘口、颈较长、溜肩、鼓腹、下腹内收、平底略内凹。肩部饰凸弦纹一周，并贴有对称的桥形系及鸡首、龙首柄。鸡冠高耸、凸目、圆喙、颈较长、嘴与器腹相通。柄上部的龙首衔盘口。

青瓷唾壶　东晋

Celadon spittoon　*Eastern Jin Dynasty*

口径9厘米　底径9厘米　高8.5厘米

秣陵街道江宁大学城学十四路出土

瓷质。灰白胎，青灰釉，施釉不及底。深盘
口、短颈、斜肩、垂腹、假圈足。

青瓷唾壶 东晋

Celadon spittoon *Eastern Jin Dynasty*

口径9厘米 底径10厘米 高12厘米

馆藏

瓷质。灰白胎，青灰釉，施釉不及底。深盘
口、直颈、斜肩、扁圆腹、平底略内凹。

青瓷香熏 东晋
Celadon incense burner *Eastern Jin Dynasty*
口径7.3厘米　底径8.4厘米　高16厘米
馆藏

瓷质。灰白胎，青灰釉，施釉不及底。有熏炉、承柱、承盘三部分组成。熏炉直口，圆唇，斜肩，鼓腹，肩及上腹部饰两周三角形镂孔。承柱较短，承盘圆唇，口微敛，弧腹，平底，盘口有两周弦纹。

青瓷羊形烛台　东晋
Celadon sheep-shaped candleholder　*Eastern Jin Dynasty*
长17.5厘米　宽9厘米　高16厘米
馆藏

瓷质。灰白胎,青灰釉。羊作卧伏状,用浅刻的手法表
现羊的目、鼻、口、角绕耳前卷,下颌有须,长颈。器
身呈茧状,束腰,臀部较大,短尾,四短足蜷曲腹下,
腹部两侧浅刻翼纹,头顶部有一圆形插孔。

青瓷三足砚　东晋

Celadon inkstone with three legs　*Eastern Jin Dynasty*

口径11.7厘米　底径11.5厘米　高4.2厘米

馆藏

瓷质。灰白胎、青灰釉。圆形、起砚墙、砚面微凸、
平底略内凹，底部有三蹄足。

青瓷虎子　东晋

Celadon urinal　*Eastern Jin Dynasty*

口径5.6厘米　底径12厘米　高16厘米

湖熟街道杨柳湖社区后杨柳村花园山出土

瓷质。灰白胎、青灰釉。半球形腹，腹顶部饰三组弦
纹，流口前伸上翘、口沿下装饰弦纹。顶部有弓形提
梁，后端贴附短尾。口部、提梁饰有褐色点彩。

青瓷高足盘 南朝
Celadon plate with tall legs *Southern Dynasties*
口径21.3厘米　底径14厘米　高16厘米
馆藏

瓷质。灰白胎，青黄釉，局部剥落。直口微
侈、圆唇、弧腹、喇叭形高圈足。

青瓷莲瓣纹托盘三足炉　南朝
Celadon stove with three legs and lotus design tray　*Southern Dynasties*
炉口径14厘米　盘底径22厘米　通高12厘米
江宁开发区将军山印塘村出土

瓷质。灰白胎，青绿釉，托盘施釉不及底。炉口圆唇、折沿、外侈，
下腹近直内收，底置三蹄形足，与托盘相连。外腹部饰一周莲瓣纹。
承盘敞口、直壁、平底，盘内饰莲花纹。

黑釉长颈瓷瓶 南朝
Black celadon bottle with long neck *Southern Dynasties*
口径6.8厘米 底径7.9厘米 高22厘米
谷里街道九岛梦都工地出土

瓷质。外施黑釉。喇叭形口、细长颈，溜肩，鼓
腹，足外撇。素面无纹。

青瓷盘口壶 南朝

Celadon jar with dish-link mouth *Southern Dynasties*

口径15.5厘米　底径10厘米　高28厘米

馆藏

瓷质。灰白胎，豆青釉，施釉不及底，釉面有冰裂纹，
并有垂釉现象。深盘口外敞，圆唇，长颈，鼓腹，下腹
内收，平底略内凹。肩部数系皆残。

青瓷六系盘口壶　南朝
Celadon jar with dish-shaped mouth and six rings　*Southern Dynasties*
口径17厘米　底径13厘米　高35.5厘米
江宁开发区将军山印塘村出土

瓷质。灰白胎，豆青釉，施釉不及底，釉面开冰裂纹。深盘口，圆唇外侈、长颈、深弧腹、下腹内收、平底略内凹。肩部有一对桥形系和一对桥形复系。

青瓷烛插　南朝

Celadon candleholder　*Southern Dynasties*

底径6.7厘米　高15.3厘米

馆藏

瓷质。灰白胎，青褐釉，釉不及底。圆柱形承柱，承
柱顶端有一锥形尖顶，两侧各有一圆环，中部饰对称
的贴塑莲花瓣。承盘敞口、圆唇、弧腹、假圈足。

青瓷三足砚 南朝
Celadon inkstone with three legs *Southern Dynasties*
口径14.5厘米 底径14.3厘米 高4.5厘米
江宁开发区将军山印塘村出土

瓷质。灰白胎、青灰釉。起砚墙、砚面凸起、平底、三蹄足。

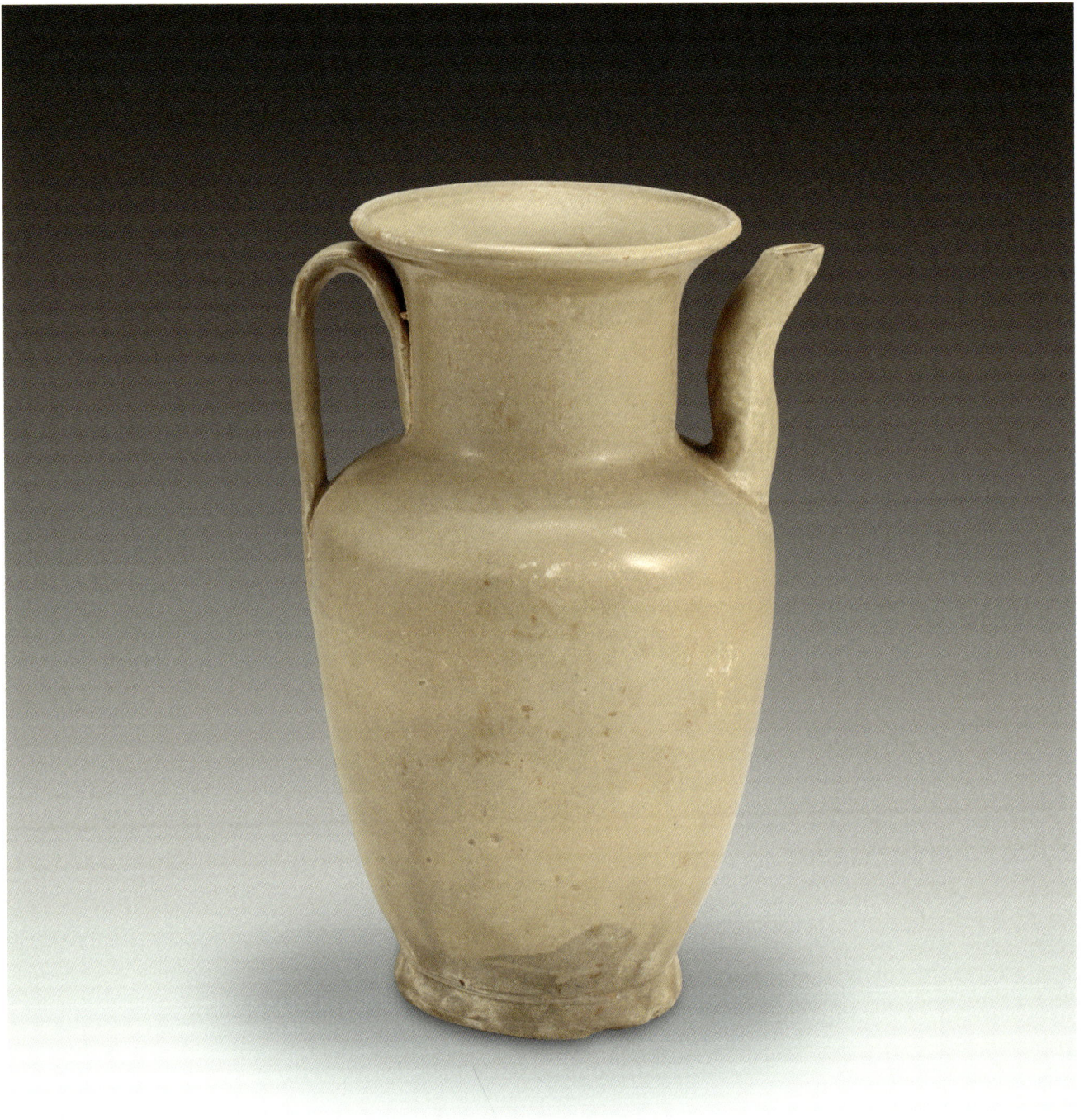

黄釉瓷执壶 唐代
Yellow glazed porcelain pot *Tang Dynasty*
口径9厘米 底径6.8厘米 高18.5厘米
馆藏

瓷质。青黄釉，底部有脱釉现象。敞口、圆
唇、粗颈、弧肩、长腹、假圈足。肩一侧出弯
流，另一侧有曲柄，柄连于口、肩之间。

黑釉四凤瓷瓶 宋代
Black glazed porcelain with four Phoenix *Song Dynasty*
口径5厘米 底径10.5厘米 高28.4厘米
江宁滨江开发区牧龙社区共和采石场出土

瓷质。灰白胎，通体施黑釉，釉层厚润。翻唇、直颈、丰
肩、下腹渐收，至胫部外撇、平底。中部为剔刻黑地白色
四凤穿花图案，凤凰两两头尾相对，昂首展翅，曳四长尾。

绿釉镂空花卉纹瓷枕　宋代

Green-glazed porcelain pillow with flower-and-plant design in open
work　*Song Dynasty*

长10厘米　宽35厘米　高12厘米

馆藏

瓷质。外表施绿釉，釉面色泽光润，局部剥落。束腰形。枕
身侧面镂空成缠枝花卉，两端为菊花形镂空。

白釉瓷瓿 元代

White porcelain goblet *Yuan Dynasty*

口径8厘米　底径7厘米　高19厘米

馆藏

瓷质。白釉，釉面光洁温润，开细片，有象牙
般质感。喇叭形口、圆唇，细长颈、圆腹，足
外撇，底内凹。腹部有对称的圆环。

白釉瓷盖罐　明代
White glazed porcelain covered jar　*Ming Dynasty*
口径7.5厘米　底径9.5厘米　通高20厘米
谷里街道周村社区郑家村和尚山出土

瓷质。青白釉，直口，圆腹，腹下渐敛，圈足。
罐附伞形盖，盖顶置圆珠形纽。

青花瓷碗 清代
Blue and white porcelain bowl *Qing Dynasty*
口径14厘米　底径5.5厘米　高6.5厘米
馆藏

瓷质。敞口，圆唇，深弧腹，下腹斜收，圈足。胎体细腻，外壁绘青花祥云和杂宝图案。底款书"大明嘉靖年制"。

青花瓷盖罐　清代

Blue and white porcelain covered jar　*Qing Dynasty*

口径4厘米　底径6.5厘米　通高12厘米

淳化街道淳化中学工地出土

瓷质。青花设色淡雅，釉色洁白。芒口，溜肩，弧腹，
平底。盖顶微凸，绘五瓣花朵。罐腹部绘蕉叶、屋舍。

青花博古图瓷盖罐　清代

Blue and white porcelain covered jar　*Qing Dynasty*

口径12.2厘米　底径13厘米　通高24.5厘米

江宁开发区将军山出土

瓷质。罐直口，深弧腹，平底。覆钵形盖，弧壁，平顶。通体以青花为地，其间点缀白色梅花。罐腹有花瓣形大开光，内绘博古图。

白釉粉彩盖壶 清代

White porcelain covered pot *Qing Dynasty*

口径7厘米　底径5.5厘米　通高11厘米

麒麟街道东郊小镇工地出土

瓷质。圆唇、直口、弧腹、圈足。短弯流，环柄。盖
面凸起、呈伞形，上饰圆珠钮。盖口结合紧密。

青花缠枝花卉纹瓷盖罐 清代

**Blue and white porcelain covered jar with reeling branches
design** *Qing Dynasty*

口径21.5厘米　底径26厘米　通高62厘米

谷里街道东善桥出土

瓷质。罐直口、圆唇、弧肩、深鼓腹、下腹斜收、
平底，底有一圆孔。伞形盖、子母口、宝珠钮。罐
体及器盖满饰缠枝花卉纹。

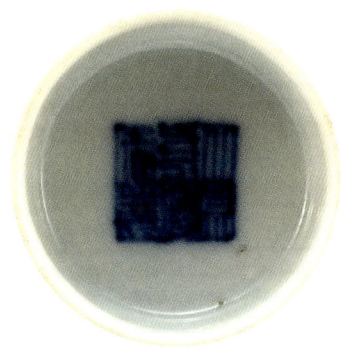

青花缠枝花卉纹碗　　清代

Blue and white porcelain bowl　*Qing Dynasty*

口径11厘米　底径3厘米　高5.2厘米

麒麟街道东郊小镇工地出土

瓷质。敞口、圆唇、弧壁、圈足。外壁绘四朵青
花缠枝菊花，菊花以蔓藤为骨架，枝叶缠绕。底
款篆书"大清嘉庆年制"。

粉彩瓷碗　　清代

Porcelain bowl　*Qing Dynasty*

口径11.5厘米　底径5.5厘米　高5.3厘米

麒麟街道东郊小镇工地出土

瓷质。敞口，圆唇，深弧腹，下腹内收，圈足。外壁以粉彩绘传统装饰"三多"图，即佛手、寿桃、石榴，寓意"多福、多寿、多子"。

青花果叶图瓷碗 清代

Blue and white porcelain bowl *Qing Dynasty*

口径10厘米 底径4.5厘米 高4.8厘米

麒麟街道东郊小镇工地出土

瓷质。釉色透明，青花呈深蓝色。敞口、圆唇、深弧腹、圈足。外壁绘四组青花果叶纹，近底部绘一周变形莲瓣纹。

日本仕女图瓷碗 民国

Porcelain bowl with Japanese classical ladies *the Republic of China*

口径5.8厘米 底径2.4厘米 高2.7厘米

馆藏

瓷质。敞口、圆唇、深腹、下腹内收、圈足。碗内绘一日本仕女像，挽髻，长脸，细目，樱唇，衣裳色彩柔丽。

青铜器

BRONZES

窃曲纹青铜鼎 春秋
Brone ding-vessel with Qiequ design *Spring and Autumn Period*
口径37厘米 通高36厘米
馆藏

青铜质。宽沿、方唇、弧壁、圜底、立耳微侈、高蹄足。
腹部饰一周窃曲纹和一周凸弦纹。

青铜戈 春秋
Bronze ge-weapon *Spring and Autumn Period*
长18.3厘米 宽8.7厘米
馆藏

青铜质。锋长援，援中部起脊，阑侧有四纵向长方形穿、长内，上有一横向长方形穿。器身满饰小椭圆形暗纹。

青铜矛　春秋
Bronze spear　*Spring and Autumn Period*
长16.4厘米　宽3.3厘米
馆藏

青铜质。两面刃，前锋尖而狭，直刃，脊两侧
饰几何纹图案，骹部有一穿，銎孔呈椭圆形。

青铜戈 战国
Bronze ge-weapon *the Warring states*
长20厘米 宽11厘米
馆藏

青铜质。尖锋、长援、阑侧有3个半圆形穿；长内，
中部有一横长方形穿，胡与援交接处有一兽首。

青铜弩机 汉代
Bronze crossbow *Han Dynasty*
长45厘米 宽6厘米
湖熟街道工业园区出土

青铜质。郭面有矢道、弩牙、望山、悬刀。尚
存部分木臂，用整段硬木制成，上髹黑漆。

青铜提梁卣　汉代

Bronze you-vessel with a band　*Han Dynasty*

口径8厘米　通高17厘米

馆藏

青铜质。圆盖，长颈，圆球形腹，圜底，三蹄足。盖
上三钮，肩两侧有对称的圆环耳，以穿弧形提梁。

青铜盖卮 汉代

Bronze zhi-vessel with a band *Han Dynasty*

口径13厘米 底径13厘米 通高18厘米
馆藏

青铜质。圆柱形卮，直腹，半底，三蹄形矮
足。盖顶有环形钮，肩有对称的环形双耳，
以连接龙首状提梁。

青铜盖钫　汉代
Bronze fang-vessel　*Han Dynasty*
口径13厘米　底径15.5厘米　通高51厘米
横溪街道小丹阳窑厂出土

青铜质。直口，方唇，长颈，四棱腹，下腹内收，方足外撇。一件盖平顶，环钮，四角几何状。一件盖盝顶，上有四个兽形钮，盖内嵌有漆木块。腹两侧均有一对衔环铺首。

青铜牛钮盖鼎　汉代
Bronze ding-vessel with ox-shaped knob　*Han Dynasty*
口径13厘米　通高12厘米
横溪街道小丹阳窑厂出土

青铜质。圆体，敛口，弧腹，圜底，三兽蹄足。盖弧
顶，上有三只卧牛状钮，鼎肩两侧有绳纹附耳，足上
段饰兽面。底外侧錾刻铭文"三斤九两□五"。

青铜香熏 汉代
Bronze incense burner *Han Dynasty*
口径8.1厘米 底径6.7厘米 通高10厘米
馆藏

青铜质。口微敛，弧腹，假圈足，平底。弧形盖，盖顶中央有蟠虺形熏孔，外缘饰蟠虺纹。肩部饰兽面纹和云雷纹。

149

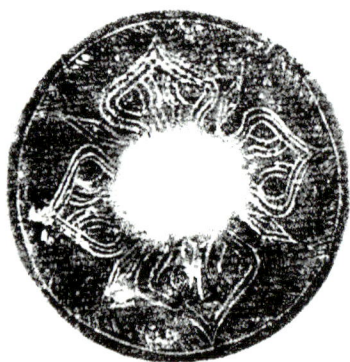

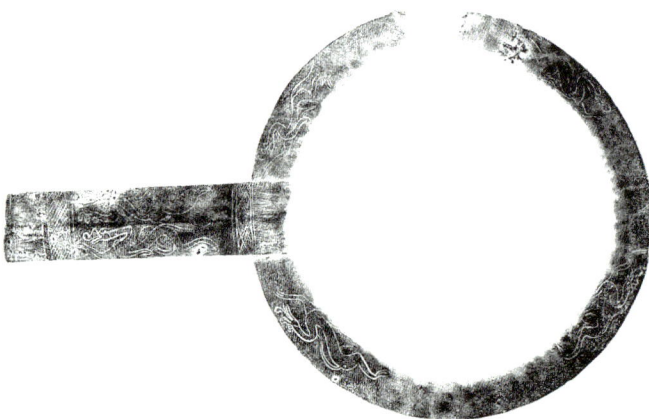

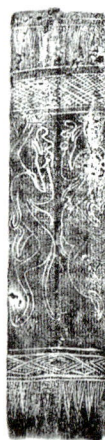

青铜龙纹凤头镳盉　汉代
Bronze he with dragon pattern and phoenix head　*Han Dynasty*
长34厘米　底径9.5厘米　高14.5厘米
馆藏

青铜质。直口，弧腹，圈足。盖面饰四叶柿蒂纹，腹有一周凸
棱，一侧有凤首流，长銎。盖面和銎上皆刻一周龙纹。

四神博局纹尚方铜镜 汉代
Bronze mirror with four gods and "Shang Fang" design *Han Dynasty*
直径18.5厘米 厚0.5厘米
馆藏

青铜质。圆形，圆钮，圆钮座。座外双线方格，格内为十二乳丁间十二地支铭，每边三字："亥子丑寅卯辰巳午未申酉戌"。方格四周有T形纹、L形纹和V形纹组成的博局纹。内区纹饰分为四方八区，青龙、白虎、朱雀、玄武各在一方，青龙配瑞兽、白虎配禽鸟、朱雀配羽人、玄武配蟾蜍，各占一区。主纹带外为一圈铭文："尚方作竟(镜)真大好/上有仙人不知老/渴饮玉泉饥食枣/寿如金石为天保。"铭文外有两圈栉齿纹和一周双线波状纹。

151

连弧纹铜镜　汉代

Even the arc lines of bronze mirror　*Han Dynasty*

直径11.8厘米　厚0.2厘米

湖熟开发区出土

青铜质。圆形、圆钮、柿蒂纹钮座、宽缘。主纹为八
个内向连弧纹与四个柿蒂叶相间构成的装饰带，外铸
一周铭文"吾作明镜□练……四廿年"。

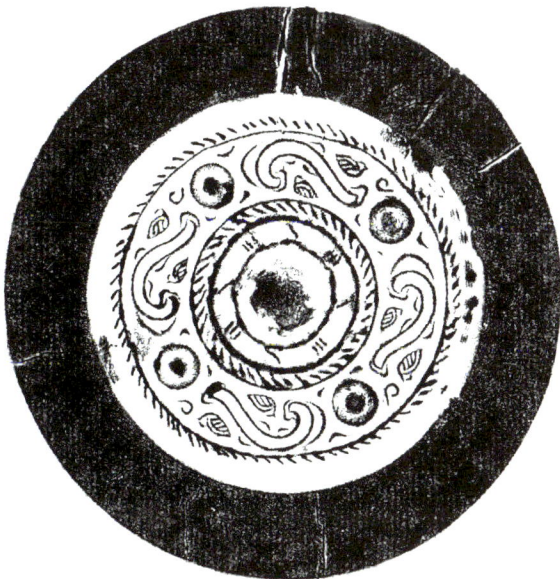

四乳四虺纹铜镜 汉代

Bronze mirror with four nipples and four coiled
serpents pattern   *Han Dynasty*

直径9.5厘米   厚0.2厘米

馆藏

青铜质。圆形、圆钮、重圈钮座。主纹为四
乳与四虺相间环绕。素宽缘。

153

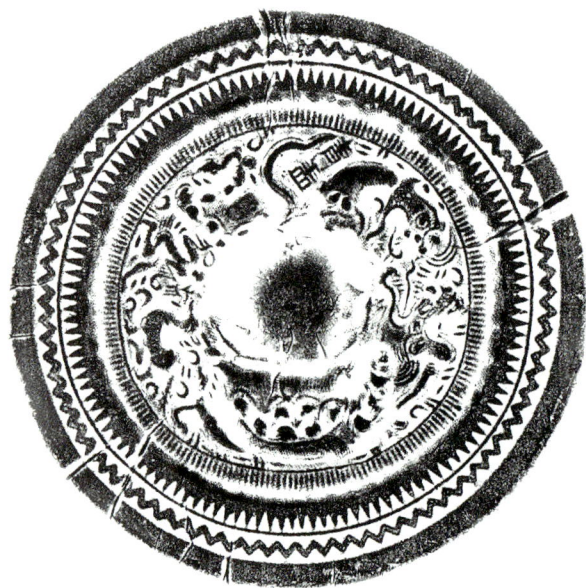

龙虎纹铜镜　汉代

Bronze mirror with dragon and tiger design　*Han Dynasty*

直径10厘米　厚0.3厘米

馆藏

青铜质。圆形，圆钮，圆钮座。主纹为高浮雕龙虎图
案、龙虎相对峙，并铸有"青盖"二字，周围填以云气
纹，外一周短斜线纹。缘饰栉齿纹和双线波状纹。

"修朝"瓦钮铜印 汉代

Copper tile button with "Xiu Chao" design *Han Dynasty*

长1.7厘米　宽1.7厘米　通高1.5厘米

湖熟街道湖熟窑场出土

青铜质。方形，瓦钮。白文，篆体，两竖行排列，右
起顺读。印文为"修朝私印"。

"谢子卿"狮钮铜套印 汉代

A lion knob copper printing with "Xie Ziqing" design *Han Dynasty*

大：长1.8厘米　宽1.7厘米　通高1.7厘米

小：长1.5厘米　宽1.4厘米　通高1.1厘米

湖熟开发区出土

青铜质。方形，狮钮，套印。大印印台中空、侧面开口，小印嵌入，
两件相套合。印文为汉篆，白文，两竖行排列，右起顺读。大印印文
为"谢子卿印"，小印印文为"谢卯之印"。

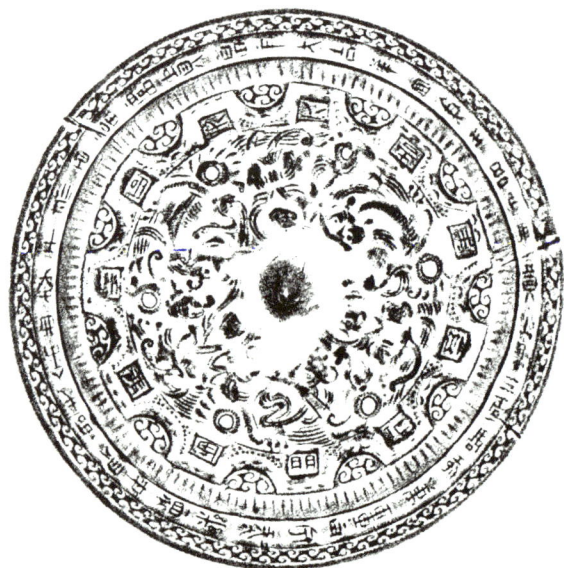

神兽纹铜镜 三国·吴

Bronze mirror with auspicious beasts design *Wu,Three Kingdoms period*

直径10.6厘米 厚0.3厘米

江宁滨江开发区牧龙孙元村出土

青铜质。圆形、鼻钮、圆钮座。内区绕钮布局，高浮雕四神与四兽相间，两神
侧身跽坐，另两神端坐，兽均侧身转头，身体丰腴。外区为一周半圆方枚，半
圆内有夔龙纹，方枚中各有一字。外缘有铭文及变体勾连云纹各一周。

神人车马画像镜 三国·吴
Bronze mirror with gods and horses design　*Wu,Three Kingdoms period*
直径19厘米　厚0.3厘米
江宁滨江开发区新民金村出土

青铜质。圆形、鼻钮、联珠纹钮座。钮座外四枚带圆座乳丁纹，将内区分为四区。三区为神人，其中两区均是一神二侍，中间神仙体态较大，面部正视，头着冠，身穿长袖衫，头一侧有东王公、西王母的榜题。侍从体态娇小。西王母旁的二侍均端坐，东王公旁的二侍则一坐一站。另一区神人图案较为模糊，可见中间有一主神，一侧有一神人端坐抚琴，另一侧有猴子摘桃及一走兽。第三区为车马，四马驾车、车顶有华盖。外区有一周铭文、部分字迹漫漶不清，但"古有善铜出丹阳"清晰可见。镜缘饰栉齿纹与波浪纹。

兽钮神兽镜　三国·吴
Bronze mirror with beast button and auspicious beasts design
Wu, Three Kingdoms period

直径10厘米　厚0.3厘米
江宁街道梅府出土

青铜质。圆形、鼻钮、圆钮座。钮面饰兽面纹。内区饰高浮雕的对置式四神和四兽。神人端坐，两手相握置于腹前。瑞兽形式一致，屈身，作奔跑状。其外为半圆方枚、锯齿纹及铭文带，方枚、半圆内的图案及铭文大部漫漶不清，仅镜沿阴刻的"吏朱承镜"四字可识。镜缘饰变体勾连云纹。

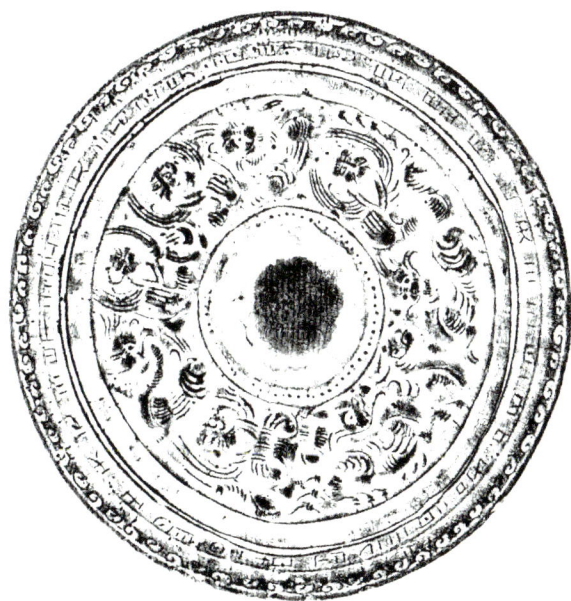

神兽纹铜镜 三国·吴

Bronze mirror with auspicious beasts design *Wu, Three Kingdoms period*

直径12.2厘米　厚0.3厘米

东山街道上坊社区南京众彩农副产品批发市场出土

青铜质。圆形，鼻钮，联珠纹钮座。内区绕钮布局，神、兽相间分布，均高浮雕。神人正面端坐，披帛飘举。瑞兽躯体丰腴，或回首，或昂首。镜缘饰栉齿纹与云气纹。

神兽纹铜镜 三国 · 吴
Bronze mirror with auspicious beasts design   *Wu, Three Kingdoms period*
直径15厘米　厚0.3厘米
东山街道上坊社区下坊村沙石岩出土

青铜质。圆形、扁圆钮、联珠纹钮座。主纹为高浮雕六神四兽，分成
四组，两组为一神二兽夹钮对置，二神两肩各有两束帔帛，双手拱于
胸前，一神正面端坐于飞鸟之上，另一神正面端坐于卧龟之上，两侧
各有一匍匐昂首瑞兽。另两组为二神，其中一组二神对坐，另一组一
神正面端坐，另有一侍持物侧身相向。主纹外为半圆方枚纹带，内有
铭文。再外为一周锯齿纹带及一周精美的画纹带，画纹带上有龙、
凤、兽等。镜缘饰变体勾连云纹。

青铜鸟形钮香熏　三国·吴
Bronze Bird shaped button incense burner　*Wu,Three Kingdoms period*
口径11.2厘米　底径10.8厘米　通高11.2厘米
东山街道上坊社区下坊村沙石岩出土

青铜质。由熏炉、承盘组成。熏盖半球形，有镂空兽纹，盖顶蹲坐一鸟，鸟冠高耸，双眼突出，尾部翘起。熏炉直口、弧腹、圜底，下承三只蹄形足。足下有一圆形承盘，折沿、斜腹、平底。盖与炉身可开合。

青铜龙首镰斗 西晋

Bronze Jiaodou with dragon head *Western Jin Dynasty*

口径15.8厘米 高13厘米

谷里街道周村社区郑家村和尚山出土

青铜质。敞口、折腹、圜底近平、底下承三足、足细长。口沿内
外饰有弦纹。沿下置长柄、曲折向上弯曲、柄末端饰龙首。

青铜兽首三足炉　东晋

Bronze basin with three legs　*Eastern Jin Dynasty*

口径26.4厘米　底径23厘米　高11厘米

东山街道上坊社区石马冲谢家山出土

青铜质。宽沿、深弧腹、平底、三蹄足。腹部一侧有一半环状耳，饰宽弦纹三道。蹄足上端饰兽首纹。

青铜唾壶　南朝

Bronze spittoon　*Southern Dynasties*

口径6厘米　底径8厘米　高9厘米

东山街道原江宁县中出土

青铜质。深盘口、圆唇，长颈、弧肩、垂
腹、假圈足。素面。

双鸾衔绶铜镜 唐代

Bronze mirror with Two Phoenix Title ribbon design *Tang Dynasty*

直径16厘米 厚0.2厘米

馆藏

铜质。八出葵花形、内切圆形、圆钮。钮两侧双鸾衔绶、
鸾鸟曲颈挺胸、双翅展开、双足立于花蕊。钮上方有一朵
含苞待放的荷花，下方有一鸟衔折枝花，立于祥云之上。
镜缘饰相间环绕的四折枝花与四朵祥云。

四仙骑兽铜镜 唐代

Bronze mirror with four fairy riding beast design *Tang Dynasty*

直径11.5厘米 厚0.3厘米

馆藏

铜质。八出葵花形、内切圆形、圆钮、内区绕钮布局，浅浮雕四仙骑瑞兽，瑞兽作奔跑飞翔状。

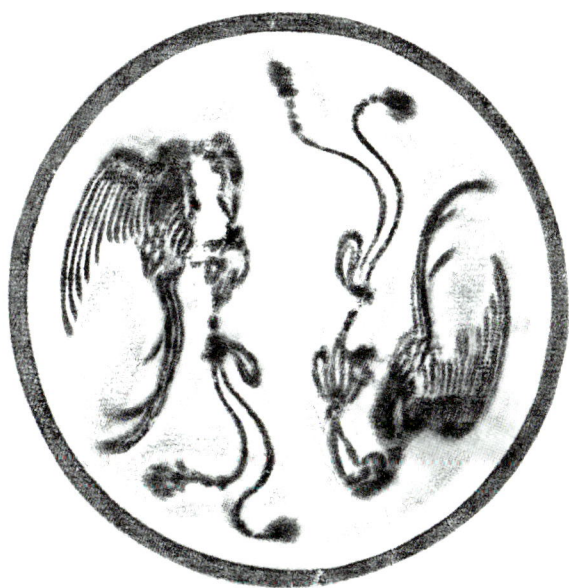

双鸾衔绶铜镜　唐代
Bronze mirror with Two Phoenix Title ribbon
design　*Tang Dynasty*
直径13.5厘米　厚0.3厘米
馆藏

铜质。圆钮，镜钮左右浮雕双鸾衔绶带、
鸾鸟展翅，绶带飘扬。素缘。

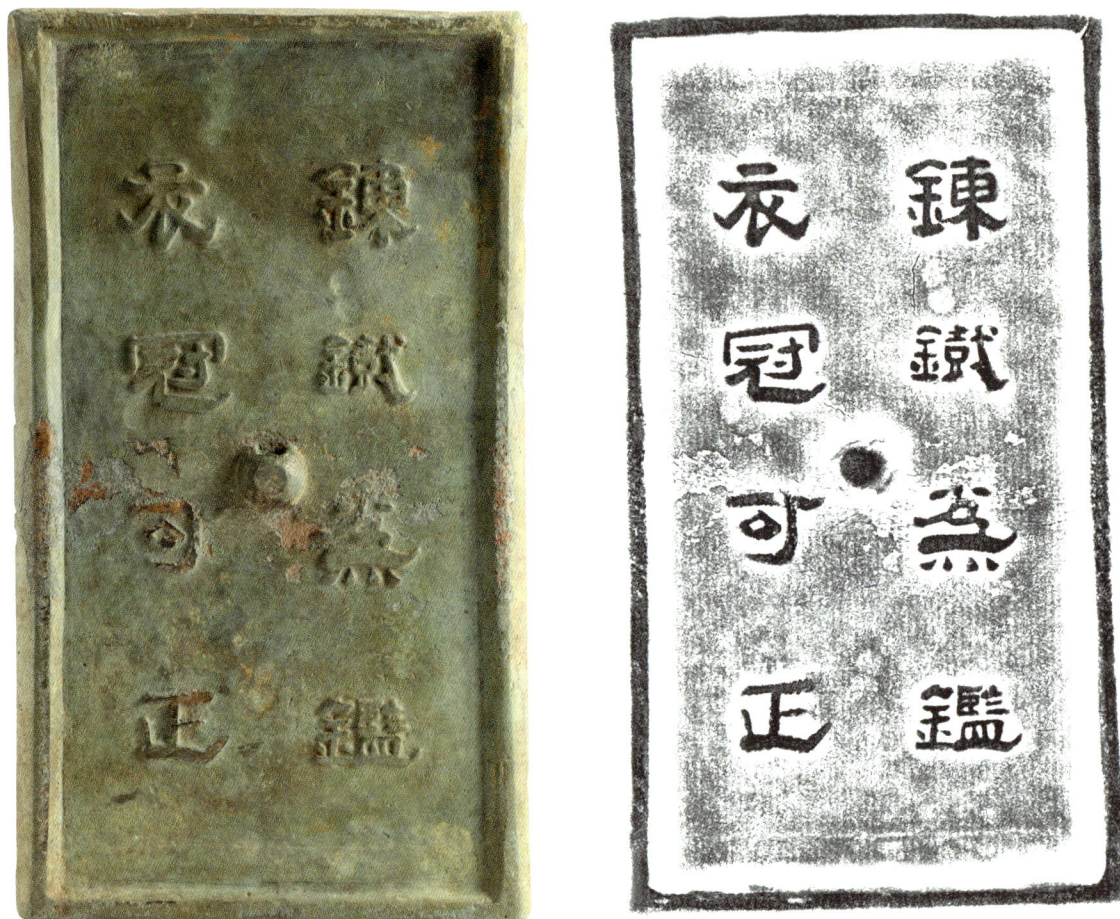

"炼铁为鉴"铭文铜镜 宋代

Bronze mirror with "Lian Tie Wei Jian" design *Song Dynasty*

长14.4厘米 宽8.5厘米 厚0.3厘米

馆藏

青铜质。长方形，中有一钮。钮两侧镜铭有"炼铁为鉴，衣冠可正"八字。素缘。

鸟形铜花押　元代

Bird shaped copper seal　Yuan Dynasty

长4厘米　宽2厘米　高2.2厘米

馆藏

青铜质。鸟形钮，鸟首下俯、鸟尾下垂，鸟身刻饰斜线纹。印文为花押。

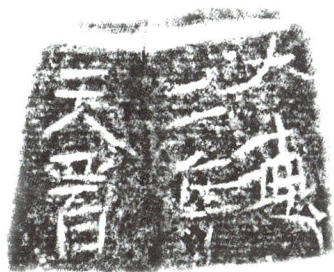

"大德二年"铜权　元代

Bronze Quan the sliding wight of a steel yard marked with "Da De Er Nian"　*Yuan Dynasty*

底长5厘米　高10厘米

馆藏

青铜质。方鼻钮、束腰、六边形底座。权身阴刻"大德二年/□□四百九/健□□造"12字。

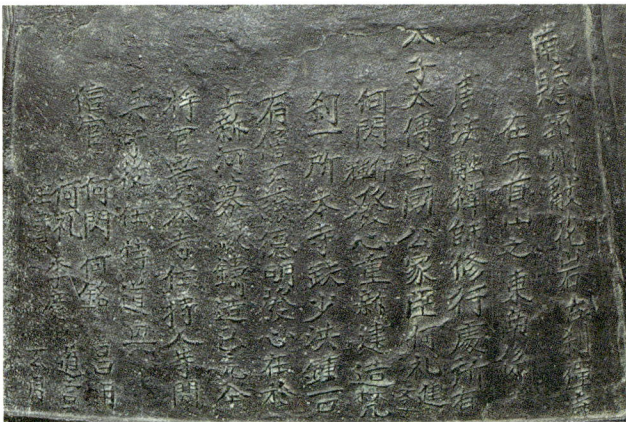

铜钟 明代
Bronze bell *Ming Dynasty*
口径83厘米 壁厚2.8~6厘米 通高126厘米
祖堂山花岩寺旧藏

青铜质。蒲牢形兽钮、直腹、花边状喇叭口。钟肩饰一周十二瓣覆
莲，瓣内饰云气纹。钟腹上、下八格，内布铭文，记录了施主题名
及其他内容，对花岩寺的历史研究具有较重要的价值。

铁 器

IRON WARE

铁
器

三足铁炉　三国·吴
Iron furnac with three legs　*Wu,Three Kingdoms period*
口径30.5厘米　底径27厘米　高14厘米
东山街道上坊社区东宁建材厂出土

铁质。敞口，折沿外翻，深弧腹，圜底，下有三蹄形足。器身
饰数道凸弦纹，腹部两侧各附一环状耳，其中一个残毁。

東
山
擷
芳

铁
器

环首铁刀　三国·吴
Ring pommel iron sword　*Wu, Three Kingdoms period*
长112.5厘米　宽2.5厘米
东山街道上坊社区东宁建材厂出土

铁质。锈蚀严重。扁形长条状，刀首为环状。刀身为
单面刃，近环首处嵌一方形铜格，上有刻划螭纹。环
首局部尚存贴金痕迹。

铁刀 东晋—南朝

Iron sword *Eastern Jin Dynasty-Southern Dynasties*

长22.5厘米　宽2.2厘米

馆藏

铁质。刀体狭长，刃呈凹曲状。末端尖锐，原嵌入木柄
之中，木柄已不存。

铁刀 东晋—南朝

Iron sword *Eastern Jin Dynasty-Southern Dynasties*

长42厘米　宽3.7厘米

馆藏

铁质。刀体狭长，直背，刃近平直，刀尖处呈弧形。末
端尖锐，原嵌入木柄之中，木柄已不存。

铁锯 东晋—南朝

Iron saw　*Eastern Jin Dynasty-Southern Dynasties*

残长32厘米　宽5厘米

馆藏

铁质。锯体呈长方形，刃部有细密的锯齿。末端尖锐，原嵌入木柄之中，木柄已不存。

铁锯 东晋—南朝

Iron saw　*Eastern Jin Dynasty-Southern Dynasties*

残长53厘米　宽9.5厘米

馆藏

铁质。锯体略呈弧形，刃部有细密的锯齿。末端尖锐，原嵌入木柄之中，木柄已不存。

铁匕首　东晋—南朝
Iron dagger　*Eastern Jin Dynasty-Southern Dynasties*
长25.1厘米　宽4厘米
馆藏

铁质。刀体狭长，直背，刃较锋利。刀首长方形，
末端向下弯曲。

铁凿　东晋—南朝
Iron chisel　*Eastern Jin Dynasty-Southern Dynasties*
长26厘米　宽3厘米
馆藏

铁质。凿体细长，至柄部渐宽，单面刃，顶端有近
方形銎。

铁斧 东晋—南朝
Iron axe   *Eastern Jin Dynasty-Southern Dynasties*
长12.5厘米   宽6.5厘米
馆藏

铁质。斧体较短，刃部略呈弧形，长方形直銎。

铁锸 东晋—南朝
Iron spade *Eastern Jin Dynasty-Southern Dynasties*
长12.5厘米 宽13.5厘米
馆藏

铁质。刃部略呈弧形、上端有装柄的"凹"形槽。

金银器

GOLD AND SILVER

桃形金叶片 三国·吴
Heart-shaped gold ornaments *Wu,Three Kingdoms period*
最大：长1.8厘米 宽1.5厘米 总重2.1克
东山街道上坊社区下坊村沙石岩出土
金质。5件。均桃形，上有圆形穿孔。

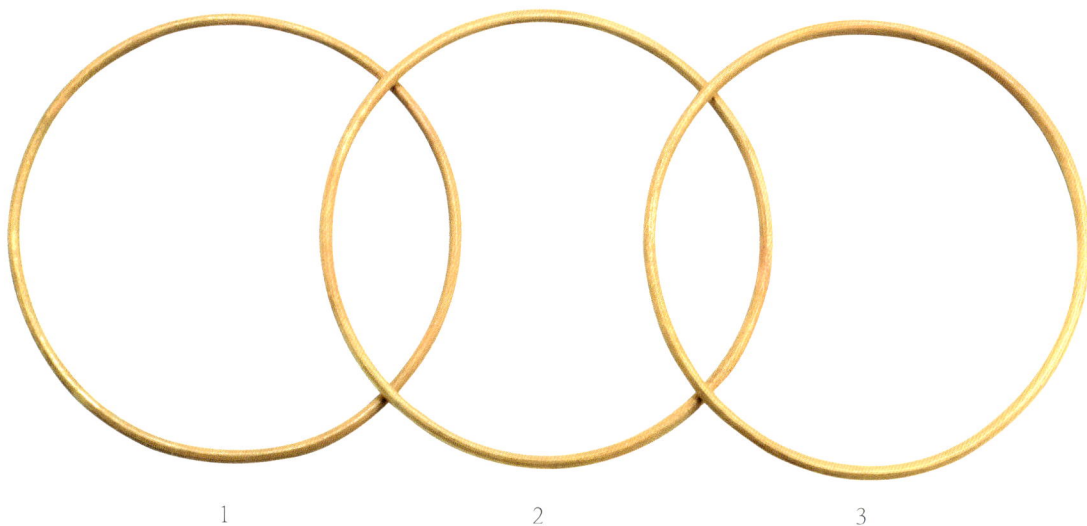

1   2   3

金镯 三国·吴
Gold bracelets *Wu,Three Kingdoms period*
直径皆为5.6厘米 1.重9.2克 2.重9.6克 3.重8.5克
东山街道上坊社区下坊村沙石岩出土
金质。环形，素面无纹。

双股金钗 三国·吴

Pairs of Dendrobium nobile   *Wu,Three Kingdoms period*

长16.3厘米　重25克

东山街道上坊社区下坊村沙石岩出土

金质。从钗头分为两股，钗尾逐渐收细。素面无纹。

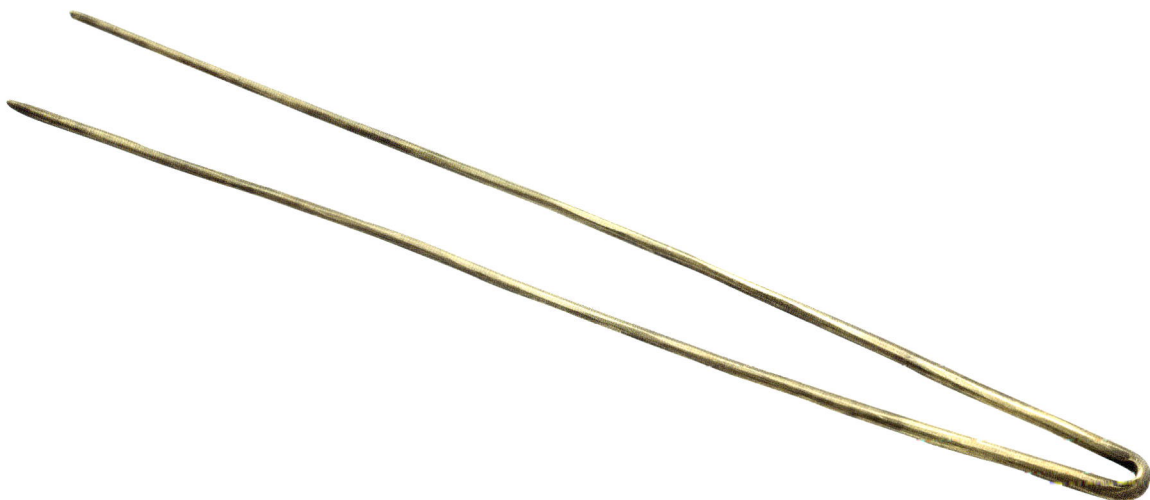

双股金钗 三国·吴

Pairs of Dendrobium nobile   *Wu,Three Kingdoms period*

长16.3厘米　重9.9克

东山街道上坊社区下坊村沙石岩出土

金质。从钗头分为两股，钗尾逐渐收细。素面无纹。

金指环 三国·吴
Gold rings *Wu,Three Kingdoms period*
直径1.7厘米 各重1克
东山街道上坊社区下坊村沙石岩出土

金质。环形，素面无纹。

金镯 西晋
Gold bracelets *Western Jin Dynasty*
直径6.2厘米 重25.6克
东山街道上坊社区石马冲谢家山出土

金质。圆形，外缘压印密集的齿纹。

凤纹金饰件　东晋
Gold ornaments with phoenix pattern　*Eastern Jin Dynasty*
长2.2厘米　宽2.8厘米　重2.4克
馆藏

金质。顶部起尖、两肩圆耸，上宽下窄，佛龛状，中部主体为对凤纹，其上饰卷云纹，周边焊满细密的金粟粒。背衬金箔片。

双凤双鱼纹金饰件 *东晋*
Gold ornaments with double phoenixes and double fishes
pattern *Eastern Jin Dynasty*
长7厘米　宽4.6厘米　重9克
馆藏

金质。三角形，背衬金箔片。中部主纹为对凤，其
下为双鱼衔胜，鱼眼镶以绿松石，两侧饰水珠纹，
其中两滴水珠中尚存镶嵌的绿松石。所有主、辅纹
上均满焊细密的金栗粒。

兽面纹金铺首　南朝
Gold Pushou with animal face pattern　*Southern Dynasties*
长2.5厘米　宽2厘米　重1.05克
江宁开发区将军山印塘村出土

金质。兽面形，以金箔片锤揲、錾刻兽之五官、毛发等，
兽面尖耳、瞪眼、高鼻、龇牙咧嘴。

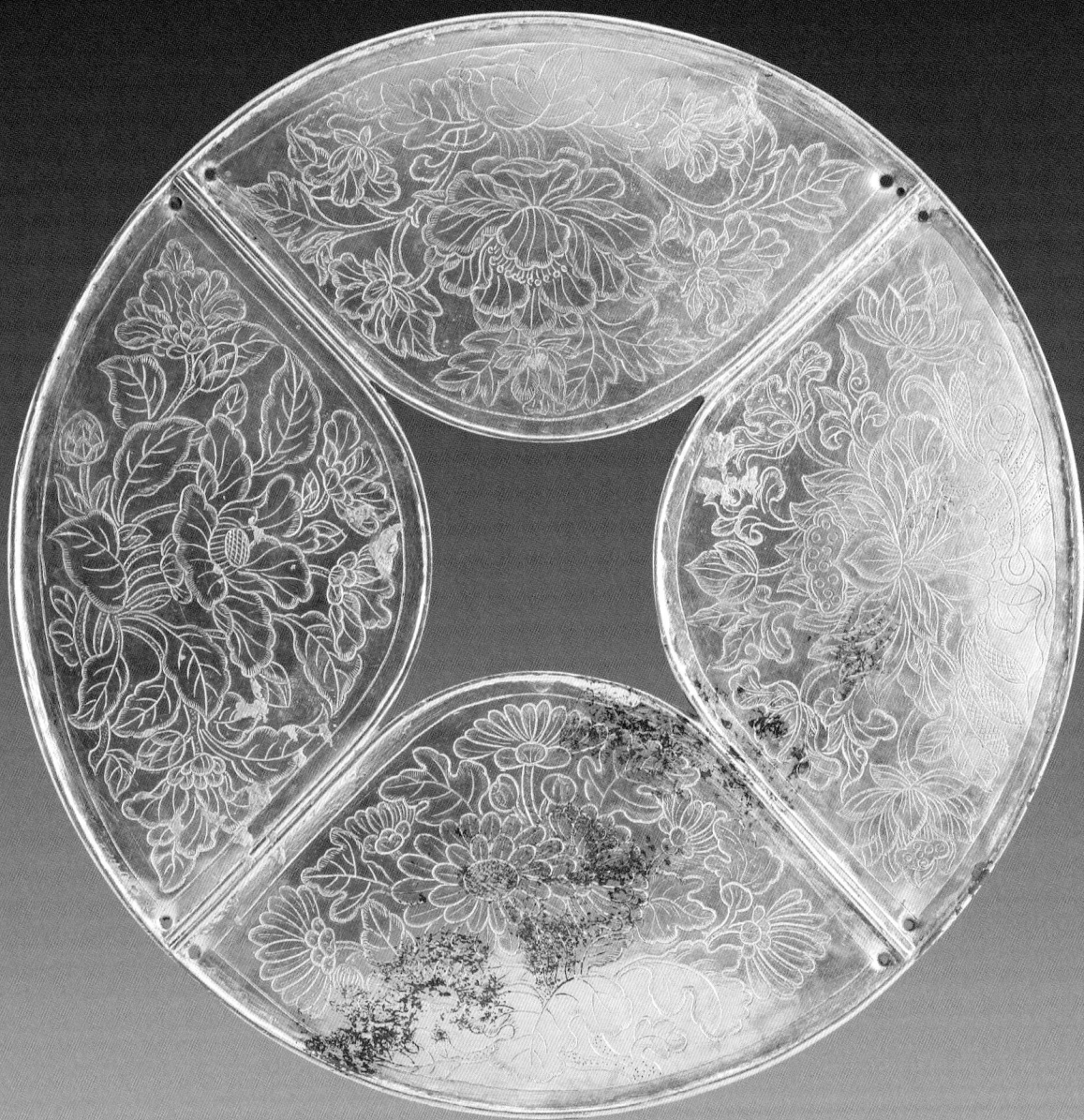

金冥币 明代
Gold funeral money *Ming Dynasty*
直径20.1厘米 厚0.2厘米 重375克
江宁开发区将军山出土

金质。外侧圆形，内侧弧方形。正面以四弧线将币面
分成四个部分，分别錾刻莲花、茶花、牡丹、菊花，
寓意和谐吉祥、富贵美丽。

金束发冠 明代
Gold hairdo crown *Ming Dynasty*
长8.15厘米 宽5厘米 高4.9厘米 重55克
江宁开发区将军山出土

金质。冠作三道梁状凸线，边缘用直线做出宽边。
冠前錾刻有六孔，上部横向四孔，中部纵向两孔，
背有一孔。两侧各錾刻一孔，用于插入簪子、簪顶
呈花瓣形，使用时罩在发髻之上，用簪固定。

镶红宝石金冠 明代
Gold hairdo crown with ruby *Ming Dynasty*
宽12厘米 高10厘米 重173.1克
江宁开发区将军山出土

金质。冠由重叠的三层花瓣构成，宛如一朵盛开
的莲花。冠顶高处直立一如意形金钗，中间镶嵌
一颗红宝石。

镶宝石金经盒　明代
Gold scrolls box with ruby and sapphire　*Ming Dynasty*
长9.2厘米　宽9.2厘米　重275克
江宁开发区将军山出土

金质。挂件正方形，可开合，由金链连接盖口两端。中空，可装经书。正面中部原镶嵌七颗宝石，目前仅存六颗。四周原镶嵌十二颗宝石，目前仅存四颗。背面錾刻六瓣莲花纹，内分别镶嵌三颗红宝石与三颗蓝宝石。四周原镶嵌四颗宝石，现已全部脱落。

镶红宝石金簪 明代
Gold hairpin with ruby *Ming Dynasty*
长9.5厘米 各重15.2克
江宁开发区将军山出土

金质。花形簪头，中间镶有红宝石。簪杆素
面无纹。

镶宝石金饰件 明代
Gold ornaments with ruby *Ming Dynasty*
宽2.15厘米 重8克
江宁开发区将军山出土

金质。顶呈莲花形，其上镶嵌蓝宝石。下部呈
十字形，四个凸出的椭圆形腔体内分别镶嵌有
对称的红宝石和蓝宝石。

金耳坠 明代
Gold Earrings *Ming Dynasty*
总重30克
江宁开发区将军山出土

金质。耳环作葫芦形，葫芦蒂上饰花形雕饰，末端做成"S"形设计。

棱形金簪 明代
Gold hairpin *Ming Dynasty*
长9.5厘米　重10.6克
江宁开发区将军山出土

金质。圆顶，簪身棱形、一端尖细、形如松针。

金饰件 明代
Gold ornaments *Ming Dynasty*
长1.3厘米　高2厘米　重3.3克
江宁开发区将军山出土

金质。顶端宝杵形，底为钟形。

金扣 明代
Gold button *Ming Dynasty*
长1.55厘米　宽1厘米　各重1克
江宁开发区将军山出土

金质。圆形扣孔，正反相扣合。一侧为蝴蝶形饰、中有四孔。

缠枝莲花纹错金银簪　清代

Hairpin inlaid with gold and silver，with reeling lotus
pattern　*Qing Dynasty*

长14厘米　宽2厘米　重15.4克
馆藏

银质、错金。莲花形簪顶，作双层花瓣，以金线绕
出花瓣形状及经脉，中间有一圆形金托，下方栖息
一只蝴蝶。簪身上、下端饰缠枝花卉纹。

祥云如意纹错金银簪　清代

Hairpin inlaid with gold and silver, with S-shaped cloud pattern　*Qing Dynasty*

长16厘米　宽3厘米　重15.7克

馆藏

银质，错金。簪端饰祥云如意纹。簪身上、下端饰缠莲花卉纹，线条流畅。背面有"泰和狮"戳记。

梅花形错金银簪　清代
Plum-blossom-shaped hairpin inlaid with gold and silver
Qing Dynasty
长9厘米　宽5厘米　重4.5克
馆藏

银质，错金。簪头作双层五瓣梅花形，第一层花瓣
以金线盘绕成螺旋状，第二层锤揲成花瓣形，花心
是以金珠围包的圆形金托。簪身为长针形。

福寿纹银粉盒　清代
Silver box with Fu and Shou pattern　*Qing Dynasty*
直径4厘米　高2厘米　重20.32克
馆藏

银质。梅花形，盒盖中部以五蝠围绕一个寿字，其
外围有一圈云雷纹。雕刻精美、造型别致。

"道光廿五年"银元宝　清代

Silver ingot of Daoguang 25 years period　*Qing Dynasty*

长11.5厘米　宽7厘米　高7厘米　重1925克

馆藏

银质。灰色，船形。元宝面部錾刻"道光廿五年/休宁
县/程长兴"字样。中部和两侧各有一方形孔。

漆木竹器

LACQUER WARE

马蹄形漆奁盒　汉代
Horsehoof-shaped lacquered cosmetic box　*Han Dynasty*
长12.5厘米　宽9.5厘米　通高5厘米
馆藏

木胎。盒身马蹄形，直腹，平底。盒盖顶部微凸。内髹红
漆，外髹黑褐色漆。盖面针刻密集线纹，主纹为大小神兽
一对，其间填以云气纹。

朱雀云气纹漆木碗　汉代
Lacquer bowl with celestial bird and cloud design　*Han Dynasty*
口径21厘米　底径9.5厘米　高9厘米
横溪街道小丹阳窑厂出土

木胎。敞口，方唇，弧腹，矮圈足。内髹红漆，外髹黑褐色底漆，上绘有赭色朱雀纹和云气纹图案。

漆唾壶 三国·吴
Lacquer spittoon *Wu,Three Kingdoms period*
口径7.7厘米 底径8.6厘米 高9.6厘米
东山街道上坊社区下坊村沙石岩出土

木胎。通体髹酱褐色漆。浅盘口，束颈，扁圆
腹，假圈足。外沿、颈部、腹部原贴镶多道装饰
带，现已脱落。

漆钵 三国·吴
Lacqer bowl *Wu,Three King doms period*
口径28.4厘米 底径16厘米 高15.6厘米
东山街道上坊社区下坊村沙石岩出土

木胎。通体髹黑漆。敛口，圆唇，深弧腹，圆
底，底部有三铜钉足。

漆盘 三国·吴

Lacquer dish *Wu,Three Kingdoms period*

口径21.2厘米　底径14.6厘米　高2.2厘米

东山街道上坊社区下坊村沙石岩出土

木胎。通体髹酱褐色漆。圆形、盘口外侈，斜壁，平底。其口沿、内外壁及内底绘花草纹与柿蒂纹。

漆耳杯　三国·吴

Lacquer elliptical cup　*Wu,Three Kingdoms period*

口径12.6厘米　底径7.4厘米　高2.6厘米

东山街道上坊社区下坊村沙石岩出土

木胎。杯口椭圆形，两侧附新月形耳。两端稍上
翘，敞口，尖唇，弧腹，平底。内壁髹赭红色漆，
外髹酱褐色漆。

犀皮黄口羽觞　三国·吴
Shang with yellow mouth and rhinoceros skin　*Wu, Three Kingdoms period*
口径11厘米　底径6厘米　高3厘米
东山街道上坊社区下坊村沙石岩出土

皮胎。椭圆形口，两侧附月牙形耳。敞口、弧腹、半底。双耳及口沿原有镶饰，现已脱落。通体髹漆，内壁黑、红、黄三色相间，称"云斑犀皮"。

犀皮梳形器　三国·吴
Comb-shaped object with Rhinoceros skin　*Wu, Three Kingdoms period*
长6.1厘米　宽6.1厘米　厚0.5厘米
东山街道上坊社区下坊村沙石岩出土

皮质。稍残。梳形，一侧有疏齿。通体髹漆，呈黑黄等色相间，称"云斑犀皮"。

圆形柿蒂纹漆奁盒　三国·吴
Round lacquer box with persimmon pedicle pattern　*Wu, Three Kingdoms period*
直径10厘米　通高10.8厘米
东山街道上坊社区下坊村沙石岩出土

木胎。通体髹黑漆。盒身圆唇、直腹、平底，内分三格。盖圆形，起折作上下两层，盖顶中心原有四叶柿蒂纹镶饰，已脱落。

圆形柿蒂纹漆奁盒 三国·吴

Round lacquer box with persimmon pedicle pattern *Wu, Three Kingdoms period*

口径8厘米 底径8.8厘米 通高5.6厘米

东山街道上坊社区下坊村沙石岩出土

木胎。通体髹黑漆，由盖、槅、底三部分套合而成。盖为圆形，盖顶中心位置镶有四叶柿蒂纹装饰物。槅，口作子口，中部为圆形，内分三格，平底。底为圆唇，直腹，平底。除盖、槅、底外缘绘有变形的云气纹外，其余部位皆用金属扣加固，但均锈蚀严重。

圆形柿蒂纹漆奁盒 三国·吴

Round lacquer box with persimmon pedicle pattern *Wu, Three Kingdoms period*

直径23.6厘米 通高15.6厘米

东山街道上坊社区下坊村沙石岩出土

木胎。通体髹黑漆。盒身圆形，深直腹，平底，盖顶微凸。盖顶中央镶嵌柿蒂形铜饰，柿蒂中部镶嵌物已脱落。盒身及盖壁周缘包镶多道条形铜饰，部分已脱落。

长方形柿蒂纹漆奁盒　三国·吴
Oblong-shapedlacquer box with persimmon pedicle pattern
Wu,Three Kingdoms period
长16.8厘米　宽4.5厘米　高5.6厘米
东山街道上坊社区下坊村沙石岩出土

木胎。通体髹黑漆。长方形盒，平底。盖顶中央镶嵌柿
蒂形铜饰，盖身及盒身口沿、腹部镶多道条形铜饰，部
分已脱落。

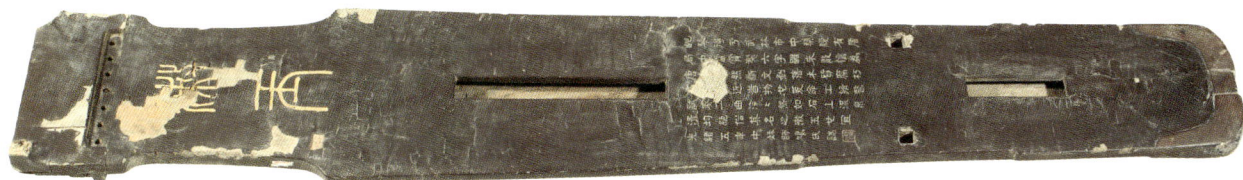

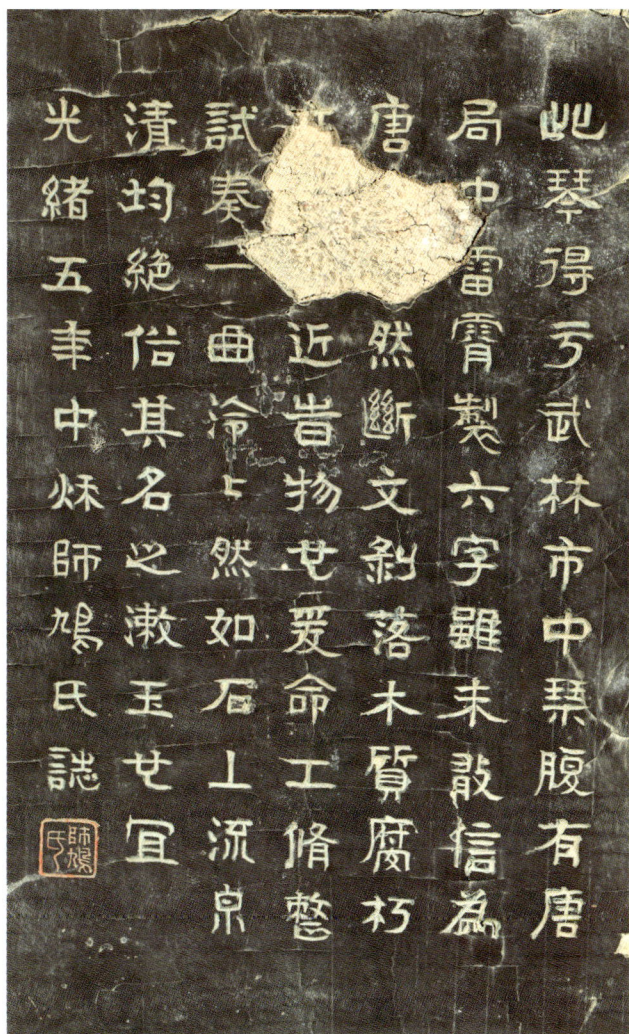

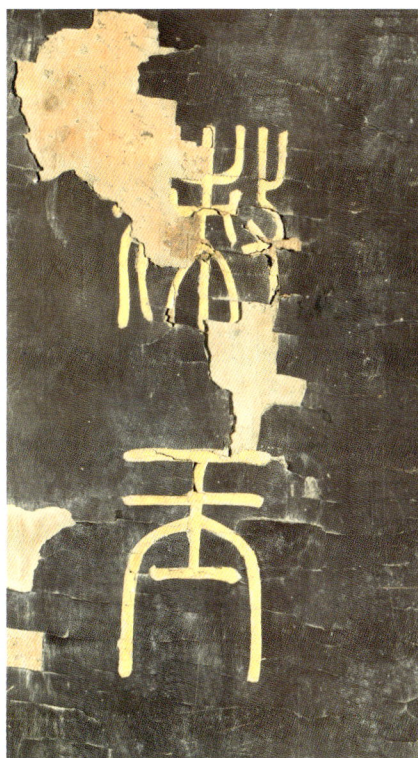

"漱玉"古琴　清代

Guqin with "Shu Yu" design　Qing Dynasty

长124厘米　宽20厘米　高4厘米

馆藏

木质。由头、颈、肩、腰、尾、足组成。琴额部有八眼、岳山部刻有鎏金篆书"漱玉"二字。琴铭文为："此琴得于武林市中／琴腹有唐局中雷霄制六字／虽未敢信为唐□□／然断文剥落／木质腐朽□□□／近时物也／爰命工修整／试奏一曲／泠泠然如石上流泉／清均绝俗／其名之漱玉也宜／光绪五年中秋师鸠氏志。"

"林记"官斛　清代
Butler meters Hu with "Lin Ji" design　*Qing Dynasty*
口径28厘米　底径32厘米　高31.4厘米
馆藏

木质。桶形、平底、中腹两侧各有一把手。器身上、中、下共有四圈粗细不等的用于固定的铁箍。上、中箍上各有四组泡钉，其间以三组纵向铁箍连接，均起加固作用。正面阴刻铭文"江宁县正堂顾/谨遵江苏布政使司宜原奉康熙肆拾肆年/颁制斛砠较准印烙焕新须至烙者/乾隆肆拾玖年九月初八日/光绪陆年七月廿一日校准/斛砠印烙焕新须至烙者/右仰聚宝门斛牙/县/官斛斗成造匠人前六现上邑孔湘文"。背面为"林记"二字。

书法绘画

CALLIGRAPHY AND PAINTING

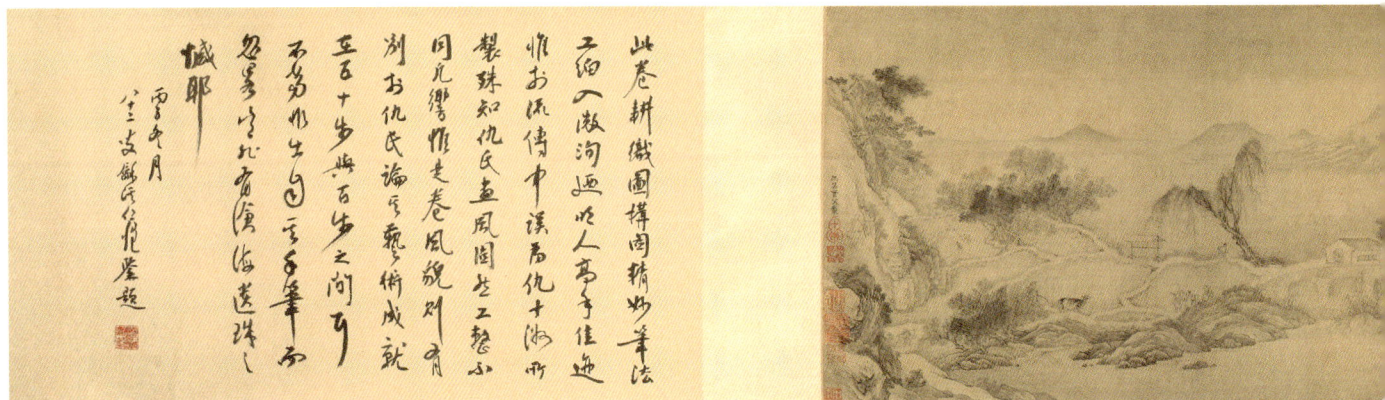

此卷耕織圖摹圖精妙筆法
工雅入微洵近吸人高手佳迺
非俗傳中谿居仇十洲所
製珠知仇氏畫風閣並工整不
同凡響非走卷風貌則有
别故仇氏論者藝術成就
至五十多與百歲之間乃
不易非生平自言三手筆乃
怨見多少此有演海遠珠乙
城耶
丙子二月
八三叟 獻氏作龍崖題

明人耕织图 仇英 明代

Design of farm work and weaving *Ming Dynasty*

纵39厘米 横740厘米 纸本
裴家同藏

仇英，字实父，号十洲，汉族，江苏太仓人。后移居吴县。擅画人物、尤长仕女，既工设色，又善水墨、白描，能运用多种笔法表现不同对象，或圆转流美，或劲丽艳爽。偶作花鸟，亦明丽有致。与沈周、文征明、唐寅并称为"明四家"。

从题跋中知，作品为明代仇英绘画，陆师道五湖先生作赋、王宠书。

作品笔法流畅凝重，松柔秀拙，尤长于点苔，丰富多彩；用墨浓淡干湿，或笔简墨淡，或浓重滋润，酣畅淋漓，极尽变化。远处峰峦起伏，幽深高远，近处山前村舍，亭台楼阁，亦有男耕女织，于岩边石罅，或作苍树，或作萋草，还有流水木桥，一派清新秀美的山水田园风光。作品取景宏阔，结构严整，层次清晰，布局有序，景物繁杂而不拥塞，反映出画家在驾驭复杂场景、安排主从次序方面精深的造诣。

幽栖云居图　髡残　清代

Landscape painting　*Qing Dynasty*

纵29厘米　横41.4厘米

裴家同藏

髡残（1612～1692年），清画家，本姓刘。明末遗民，入清为僧。出家为僧后名髡残，字介丘，号石溪、白秃、石道人、残道者、电住道人等，湖广武陵（今湖南省常德）人，好游名山大川，后寓南京祖堂山幽栖寺。擅画山水，师法王蒙，用干笔皴擦，淡墨渲染，间以淡赭，苍浑茂密，意境幽深。

该山水画章法稳妥，繁复严密，郁茂而不迫塞，景色不以新奇取胜，而于平凡中见幽深；笔法浑厚凝重，苍劲荒率；用雄健的秃笔和渴墨，层层皴擦勾染，笔墨交融，厚重而不板滞，秃笔而不干枯；山石多用解索皴和披麻皴，并以浓墨点苔，显得山川深厚，草木华滋。以繁密的布局、苍劲的用笔、郁茂的景致、幽深的境界，显现出髡残鲜明的艺术特色。

吴稚晖书法拓片　吴稚晖　当代
Wu Zhihui Rubbing　*the present age*
纵180厘米　横90厘米　纸本
馆藏

吴稚晖（1865～1953年），原名脁，后改名敬恒，学名吴纪灵（又称寄岭），字稚晖，中国近代资产阶级思想家、政治家、教育家、书法家，中央研究院院士，出生于江苏武进。

吴稚晖撰书并篆额的此碑，字体线条静穆，结体安然，落笔清新干净，线条在平直中又略带一点弯曲，使得字又生动灵活起来，通篇观之，别有天趣。

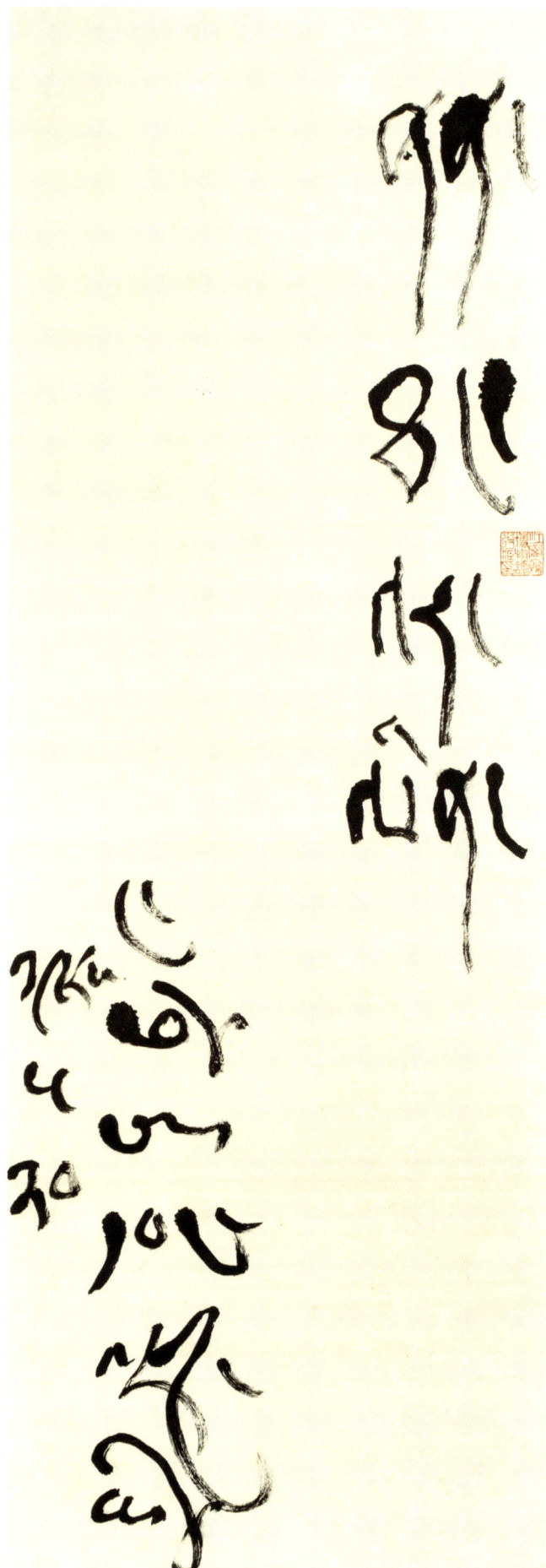

南唐二陵（藏文）　阿沛·阿旺晋美　当代

Two Mausoleum of Southern Tang (Tibetan characters)　*the present age*

纵93.5厘米　横31.5厘米　纸本

馆藏

阿沛·阿旺晋美（1910～2009），藏族、西藏拉萨人。历任全国人民代表大会常务委员会副委员长、中国人民政治协商会议全国委员会副主席、中国西藏文化保护与发展协会会长。

此幅书作以藏文书写，结字分散中有凝聚，风格空阔疏朗。

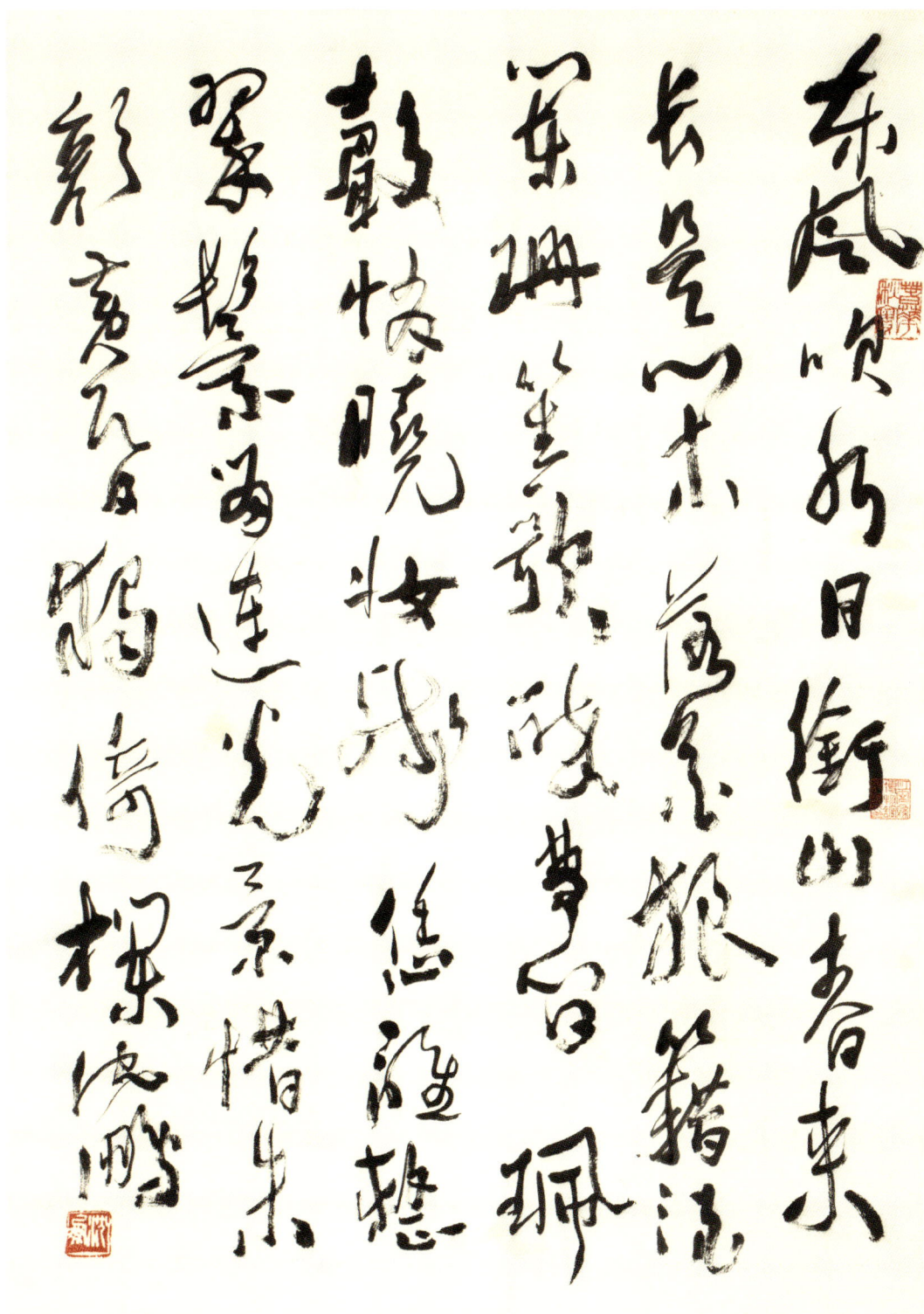

李煜词《阮郎归·东风吹水日衔山》　　沈鹏　当代
Ruanlang Gui: Dongfeng Chuishui RiXianShan by Li Yu　*the present age*
纵82厘米　横58.5厘米　纸本
馆藏

沈鹏（1931年～），江苏江阴人，享受国务院政府特殊津贴，历任中国书法家协
会常务理事、副主席、中国书法家协会主席。
此幅书作笔意连贯而流畅，用笔注意浓淡、遒劲舒展、高低错落有致。

林花謝了春紅，太忽忽！芍奈朝來寒雨晚末風。胭脂淚，幾時重？自是人生長恨水長東。

李煜：烏夜啼

庚午八月于木石齋 賴少其

李煜词《乌夜啼》 赖少其 当代
Wu Ye Ti by Li Yu *the present age*
纵120厘米 横32.5厘米 纸本
馆藏

赖少其（1915～2000年），笔名少麟，斋号木石斋，广东普宁人。他独创的"以白压黑"技法，成为新徽派版画的主要创始人，解放后，历任安徽美术家协会主席、中国版画家协会副主席等。

此书作用笔线条流畅，有一波三折之感。稳定中见流宕，流宕处仍安详，别具朴拙奇崛的意境。

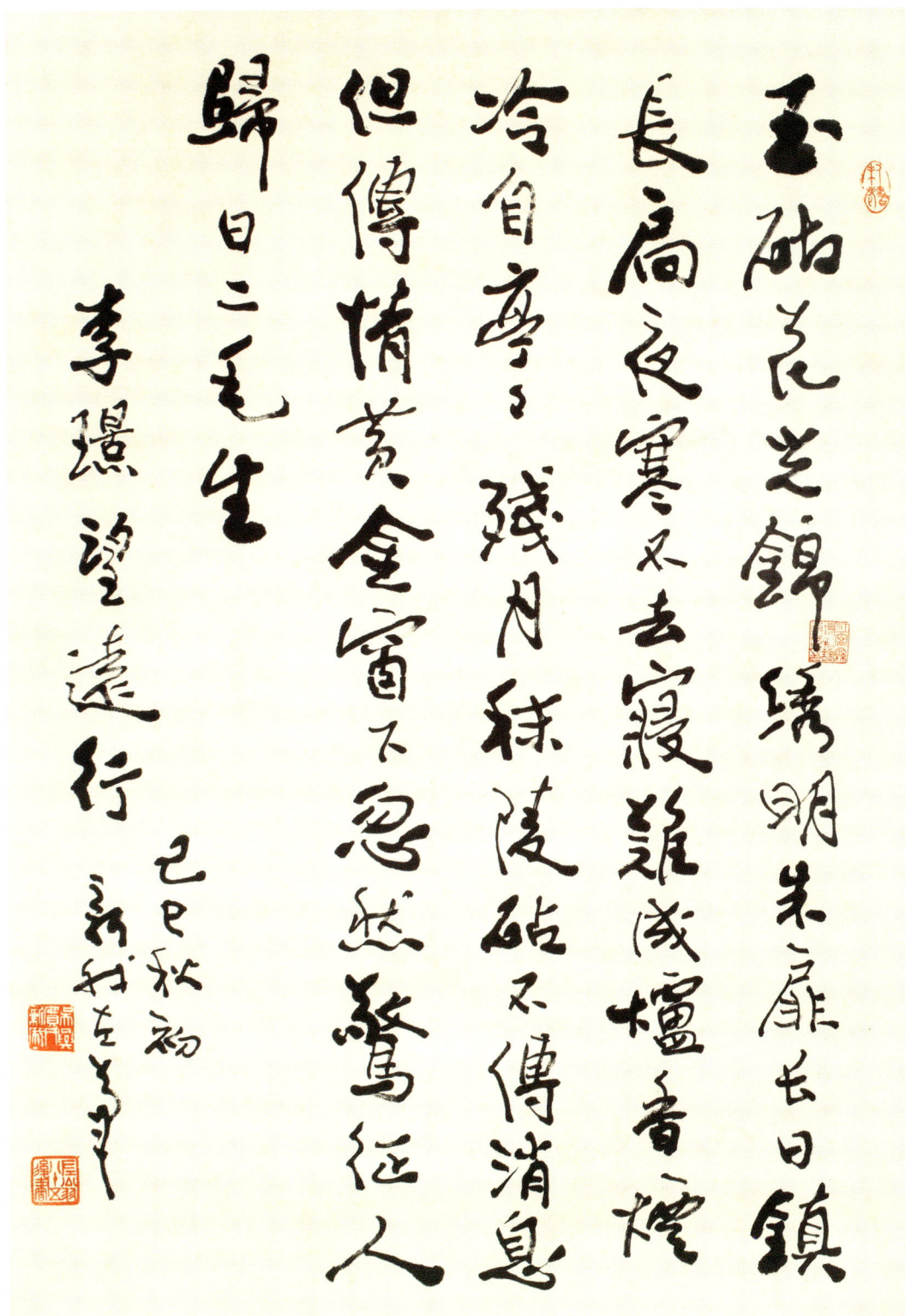

李璟词《望远行》　费新我　当代

Wang Yuan Xing by Li Jing　*the present age*

纵79厘米　横56厘米　纸本

馆藏

费新我（1903～1992年），学名思恩、字省吾、别名立千、立斋，后改名新我，浙江湖州人。擅长中国画、书法，历任江苏省国画院一级画师、中国美术家协会会员、中国书法家协会理事等。

费新我精于行草书，此幅书作结字十分严谨，奇中求正，险中求平，线条干净利落，章法错落有致，极富节奏感和韵律感。

春花秋月何时了，往事知多少。小楼昨夜又东风，故国不堪回首月明中。
雕栏玉砌应犹在，只是朱颜改。问君能有几多愁，恰似一江春水向东流。

曼翁书于三曼盥室

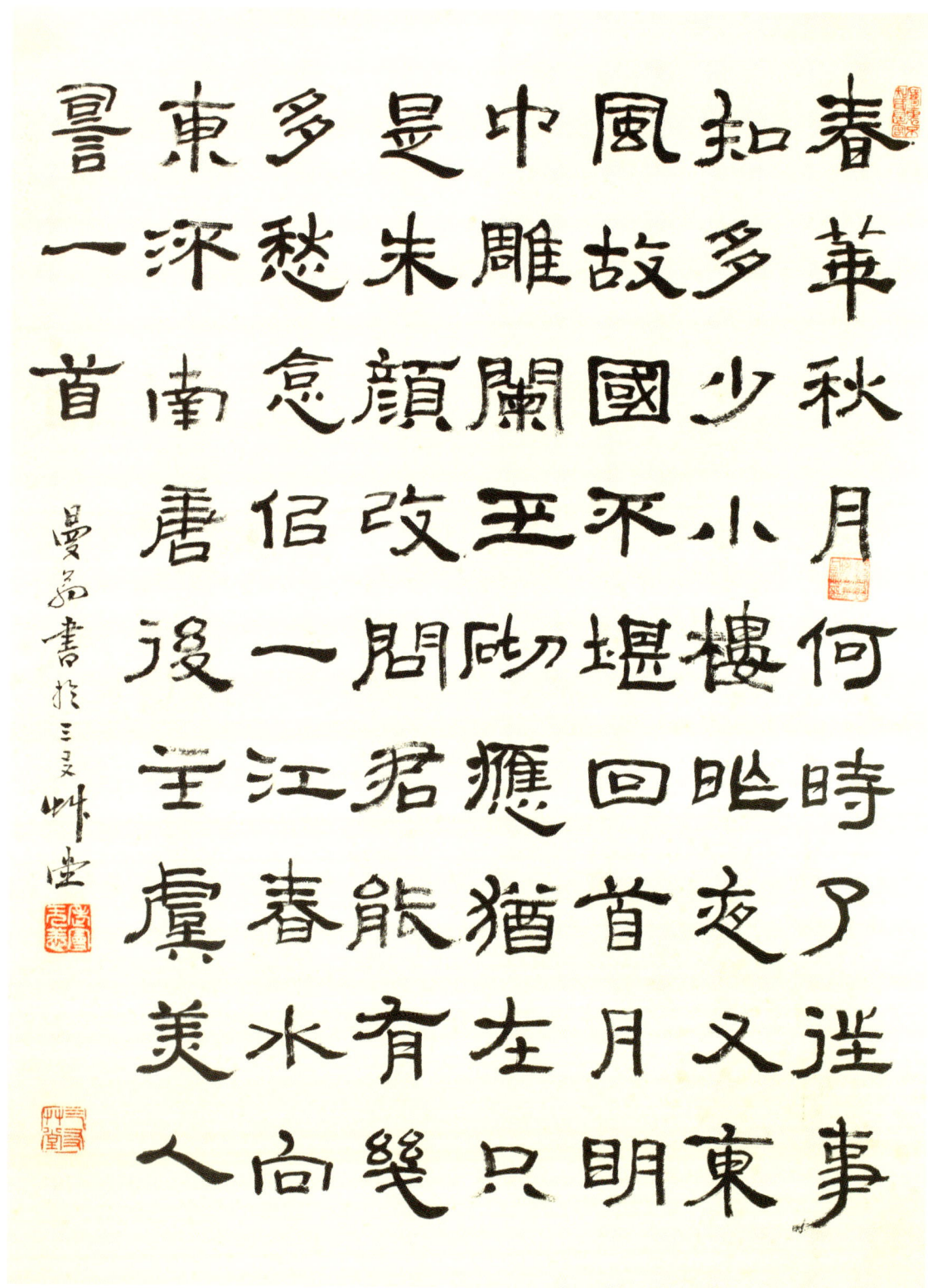

李煜词《虞美人》 沙曼翁 当代
Yu Meiren by Li Yu *the present age*
纵78.5厘米 横56厘米 纸本
馆藏

沙曼翁（1916~2011年），男，满族，祖姓爱新觉罗，原名古痕，生于江苏镇江，长期寓居苏州。2009年中国书法家协会授予其为艺术指导委员会委员和第三届中国书法兰亭奖终身成就奖。
此幅书作结字扁平，具有古朴淳雅、苍劲秀逸的艺术风格。

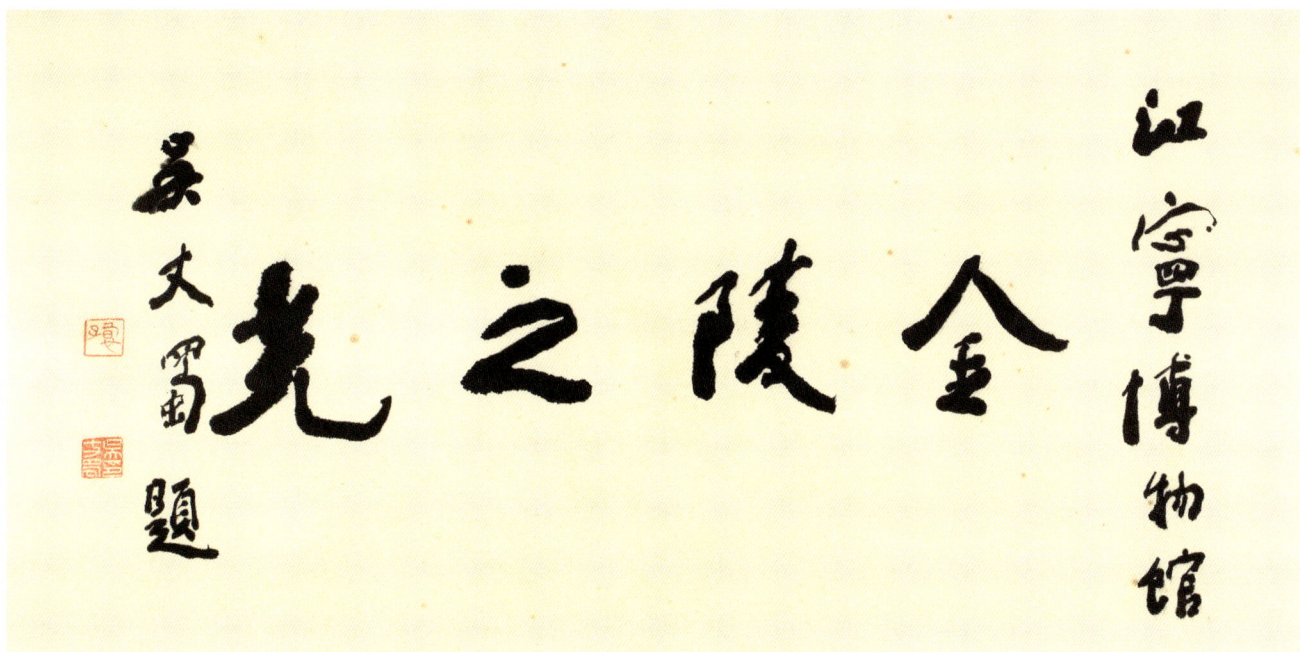

金陵之光　吴丈蜀　当代

Jinling Zhi Guang　*the present age*

纵68厘米　横33厘米　纸本

馆藏

吴丈蜀（1919~2006年），字恂子，别署荀芷，汉族，四川泸洲人。当代著名学者、诗人、书法大家。1993年被批准享受国务院政府特殊津贴。

此书作笔墨浓厚，一笔一画随心而动，富于浑厚而灵秀、古拙而清隽、浑成而超逸的风致。

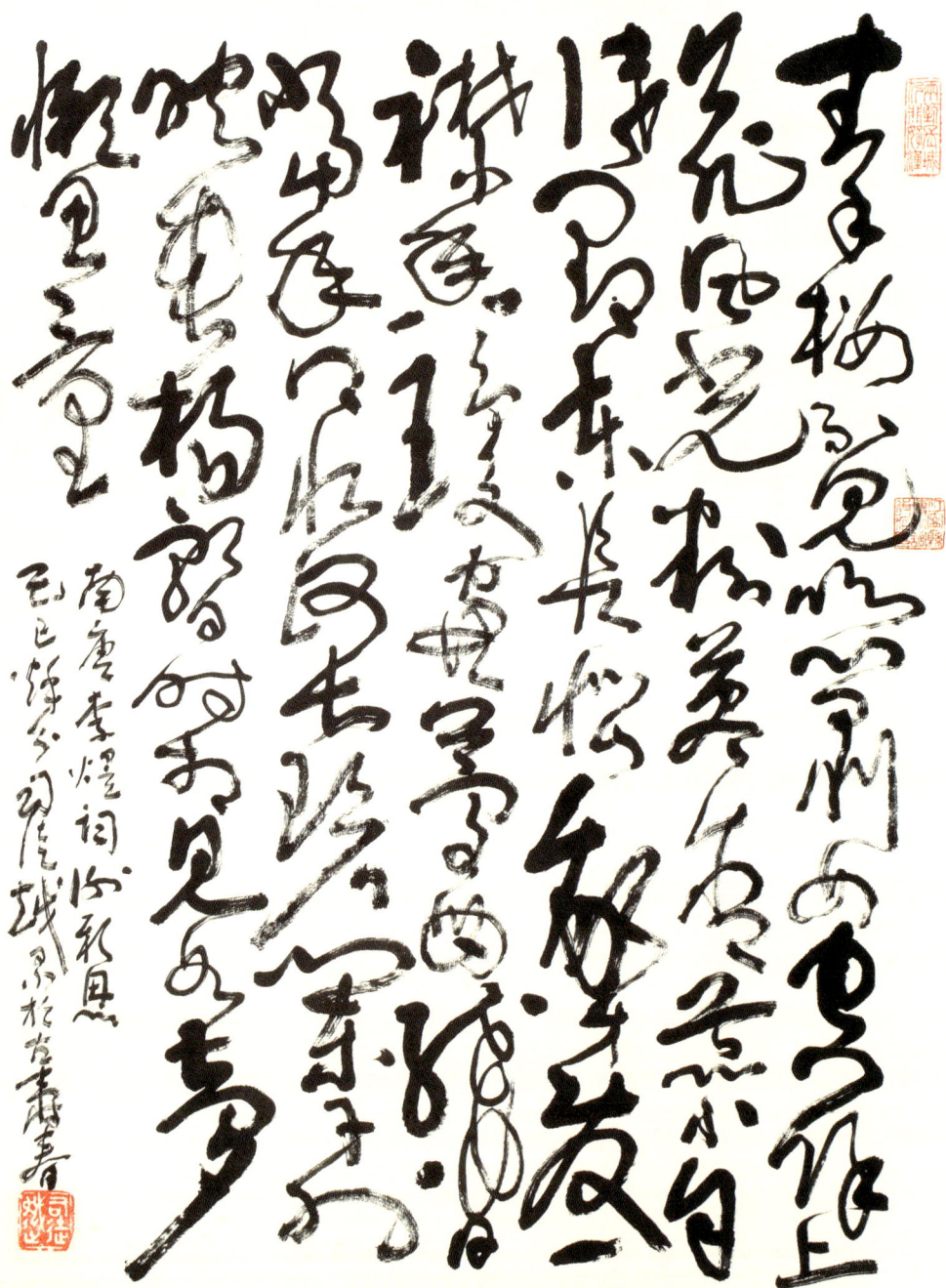

李煜词《谢新恩》　　司徒越　　当代

Xie Xin En by Li Yu　　*the present age*

纵73.5厘米　横53厘米　纸本

馆藏

司徒越（1914～1990年），字剑鸣，安徽寿县人，生前为中国书法家协会会员、中国书法家协会安徽分会名誉主席，安徽省考古学会、博物馆学会理事，安徽省第六、七届人大代表。他的书法正、草、隶、篆、甲骨、金文兼优，尤以狂草见长。

此幅书作流畅贯气、墨彩丰富，呈现出浓淡、干湿、润燥的强烈对比。具有回旋盘绕、纵横交织的章法布局和出神入化、极具缥缈姿态的墨法特色。

烟景朦胧　裴家同　当代
Yanjing Menglong　*the present age*
纵127厘米　横68.5厘米　纸本

裴家同（1929年～），字谦之，号绿野，师承傅抱石、陈之佛等先生，为江苏江宁人，历任合肥书画院院长、合肥书画院名誉院长、合肥市美术家协会名誉主席、黄山画会副会长等。裴家同长守画坛，深具中国画传统功底。此幅画作笔触细腻，山峦起伏有气势，墨色淡雅。

牛首佳境　　裴家同　当代
Niushou mountain beautiful scenery　　*the present age*
纵138厘米　横308厘米　纸本

東山擷芳 书法绘画

云涌系列2号　冯健亲　当代
No.2 of Yun Yong series　*the present age*
纵59厘米　横90.5厘米　纸本
馆藏

冯健亲（1939年～），汉族，浙江海宁
人。原南京艺术学院院长、历任第九届
全国人人代表、第|届全国政协常委、
第十届江苏省政协副主席、江苏省美术
家协会常务副主席。
此幅画作描绘了层层云海中山峰耸立的
情景，远处的山峰在云海中若隐若现，
仿若仙境，近处的山峰则一片郁郁葱
葱，景色宏大壮丽却又不失细腻逼真。

青山萬而望
遠白雲深而遠
路遙

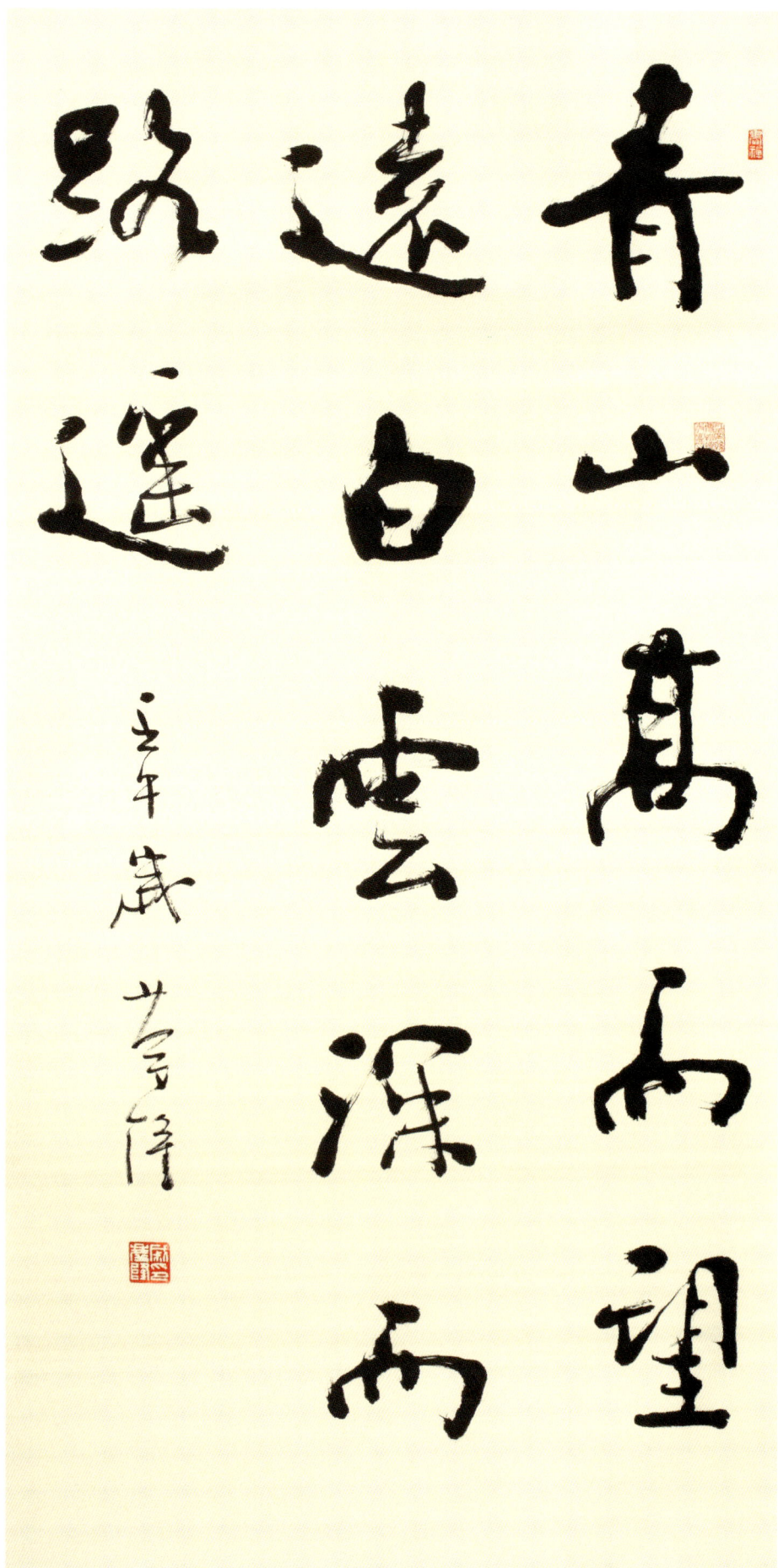

"青山、白云"对联　戚庆隆
当代

Couplet Qingshan and Baiyun　*the present age*

纵131.5厘米　横67厘米　纸本
馆藏

戚庆隆（1937年～），字拙石，
江苏淮安人。中国书法家协会
会员，江苏省书法家协会常务理
事，原淮安市书法家协会主席，
曾获全国楷书大赛第一名，国家
一级美术师。

戚庆隆幼承家传，酷爱书法。此
幅画作笔法流畅，笔画的粗细变
化使整幅作品看起来灵动多变，
别有韵味。

纸 币

PAPER CURRENCY

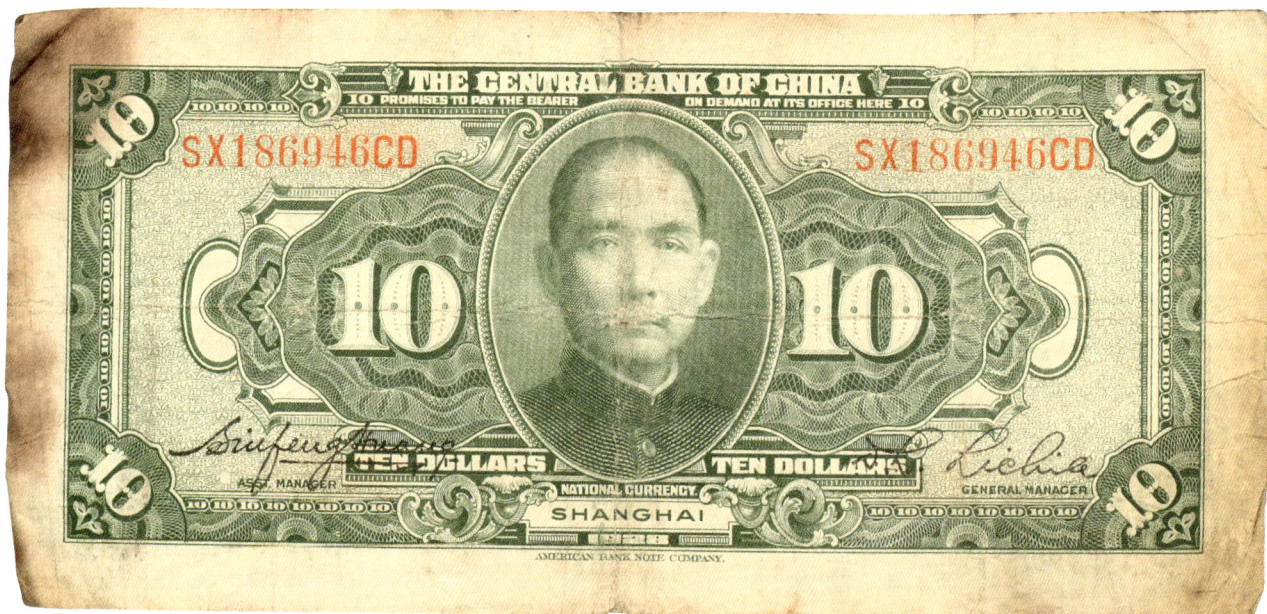

民国纸币 民国

the Republic of China notes *the Republic of China*

长15厘米　宽7厘米

馆藏

纸质。中央银行发行，面值10元。正面蓝灰色调，印地
为上海。背面绿色调，中心为孙中山先生肖像。

民国纸币　民国

the Republic of China notes　*the Republic of China*

长14厘米　宽6.5厘米

馆藏

纸质。中央银行发行，面值500元。正面右侧图案为蒋介石头像，背面左侧是一建筑大楼、英文签名。

民国纸币 民国
the Republic of China notes *the Republic of China*
长15厘米　宽8.5厘米
馆藏

纸质。交通银行发行，面值10元。两面皆红色为主调，
兼有其他色调。印地为上海，中心主题图案是民国海关
总署大厦。背面中心主题图案是港口中的轮船和在铁路
上行驶的火车。

民国纸币　民国

the Republic of China notes　*the Republic of China*

长14.7厘米　宽7厘米

馆藏

纸质。交通银行发行，面值5元。两面皆棕色为主调，兼有其他
色调。正面中心处有正在行驶火车的图案，印地为上海。背面
中心主题图案是民国邮局大楼图案。

民国纸币　民国
the Republic of China notes　*the Republic of China*
长17厘米　宽7厘米
馆藏

纸质。中国银行发行，面值5元。正面左侧为孙中山先生肖
像，英文签名。背面中心主题图案是北京天坛图案。

民国纸币　民国

the Republic of China notes　*the Republic of China*

长15厘米　宽8.6厘米

馆藏

纸质。中国农民银行发行，面值10元。正面主题为农业生产图案。背面中间为庙宇图案。

跋

1905年，张謇在南通创办了中国第一座博物馆，开创了中国博物馆事业的先河。经过百余年的发展，中国博物馆事业取得了前所未有的成就。据统计，截至2012年底，我国共登记、备案的博物馆达3866家，其中国有博物馆3219家，民办博物馆647家，我省208家博物馆列入其中。今天，博物馆已成为反映地域文化的重要载体，雅称为"城市的客厅"、"精神的家园"、"文化的绿洲"、"知识的殿堂"、"文明的窗口"。博物馆以其文物收藏、保护管理、科学研究、陈列展示等方面功能，发挥着引领城市文化、弘扬城市精神、搭建城市多元文化交流平台等作用。博物馆整体发展水平已成为衡量一座城市的现代化文明程度的重要标尺之一。

江苏是文物大省，拥有各级各类博物馆、纪念馆两百余家，文物系统内的博物馆就有100多家，其中以分布在基层的区县级博物馆居多。与省、市级博物馆相比较，区县级博物馆往往站在文化遗产保护工作的最前沿，与基层群众的文化生活联系更为紧密。"十二五"期间，提升区县级博物馆展览展示和服务水平已成为当前全省博物馆事业发展的一项重要任务，对于进一步提升我省博物馆的综合实力和整体水平，发挥博物馆在构建公共文化服务体系、传播地方文化、服务基层群众方面具有重要意义。

众所周知，历史上的江宁一直作为古都南京的郊畿之地，与南京有着唇齿相依的特殊关系。自南唐直到明清时期，江宁长期在金陵城内附郭而治。1935年之后，江宁县城虽已迁往南京主城之外的东山，但两者的命运仍然如水乳交融，难以割裂。江宁域内地上地下文物遗存分布之多、等级之高，在全省亦不多见。新中国成立后江宁境内的出土文物，其数量堪以万计，其中可圈可点的国宝重器即难以枚举。许多文物珍藏于南京博物院及南京市博物馆、镇江博物馆，江宁博物馆仅保存有域内零散征集的极少量文物。

作为江宁地区文物征集、典藏、陈列和研究机构的江宁博物馆，由江宁县人民政府批准成立。1992年5月，在县城东山镇竹山公园西侧破土兴建，并于次年8月18日正式对外开放。这是当时南京地区郊县中最早成立的县级博物馆。馆舍建筑面积为1180平方米。2007年12月，经江宁区人民政府批准，江宁博物馆新馆在竹山公园东侧奠基重建。2008年2月，经南京市文物局批复，同意将"东晋历史文化博物馆"和"江宁区博物馆"同址建设。2011年9月28日，落成后的东晋历史文化博物馆与江宁博物馆隆重向社会开放。

江宁博物馆新馆布局为"一址双馆"，是国内首座反映东晋历史文化和系统展示江宁历史变迁的综合性博物馆。全馆设4个大型展厅，由《千秋江宁》、《风流东晋》、《裴家同书画馆》三个固定展厅及一个临时展厅组成，并设有学术报告厅、"非遗"展区、4D多功能影院等功能区。馆内珍藏各类文物7000余件（套），现为国家三级博物馆。在地方政府及文化文物主管部门的共同努力下，该馆已成为南京地区较有影响的现代化综合性博物馆，并被誉为江宁乃至南京的靓丽文化新地标。

我是江宁人，曾经在江宁文化文物部门工作长达二十年，并有幸成为江宁县博物馆首任馆长。回想当年江宁县博物馆老馆创建过程中的辛劳，回想小丹阳汉代大玉璧、漆奁盒等精美文物征集回馆的周折，回想东善桥前盛村明代宋铉夫妇墓釉里红"岁寒三友"图瓷梅瓶出土瞬间的惊喜，仿佛就在昨天，仿佛就在眼前。我在江宁文化文物系统的这段平凡工作经历，为我后来供职于江苏省文物局奠定了基础，并将成为珍藏在我心底的永远记忆。

近日，江宁区博物馆馆长许长生先生送来他们新编的馆藏文物精品图录《东山撷芳》样稿，希望我能够为之题跋。全书收录江宁博物馆馆藏文物精品263件，按质地分为13类进行简要介绍。对书稿内容，我虽无暇仔细考究，但面对那些我曾无数遍摩挲的江宁历史遗珍，竟是那样的亲切，并再次勾起我对若干往事的回忆，因为每一件文物精品的背后，都有一段令人难忘的故事。总之，看到江宁博物馆取得的如此骄人成绩，看到记载着江宁辉煌历史及江宁博物馆人奋斗痕迹的这部大型图录能够顺利付梓，除了表示祝贺之外，作为一名曾经战斗在江宁文博战线上的老兵，我亦感到无比的欣慰与自豪。借此机会，我真诚希望江宁博物馆加强人才队伍建设、服务管理、学术研究，多出成果，为江宁、为南京、为江苏的文博事业再创佳绩。

拉杂写了以上回顾和感想，聊充为跋。

刘谨胜

江苏省文物局副局长、研究员

2013年8月20日

后　记

　　江宁博物馆始创于1958年，后因故废止，直至1992年在竹山西麓重新建造了江宁县博物馆。随着江宁成为一方开发热土，区域内发掘发现的文物也越来越丰富，旧馆已不能适应新时期江宁文化遗产事业的发展。2007年，区政府在竹山东麓斥巨资兴建江宁博物馆新馆。众所周知，江宁与东晋历史文化渊源颇深。东晋名相谢安曾在区政府后的东山筑墅小居，并于此运筹帷幄，成功指挥了"淝水之战"。 2008年5月，经南京市文物局批准，成立"东晋历史文化博物馆"，以展示在南京历史上占有重要地位的东晋历史文化。2011年9月28日，江宁博物馆新馆与东晋历史文化博物馆同时对外开放，2013年5月被国家文物局确定为"国家三级博物馆"。

　　江宁区博物馆（东晋历史文化博物馆）现藏国家一级文物8件（套）、二级文物46件（套）、三级文物919件（套），数量和等级均处全国同级博物馆前列。为全面反映我馆丰富的馆藏精美文物，故编纂《东山撷芳——江宁博物馆暨东晋历史文化博物馆馆藏精粹》一书。"东山"为江宁悠久历史、厚重文化之象征，"撷芳"源自唐代诗人杜牧诗句"遥知渡江日，正是撷芳时"，意为撷取菁华之意。

　　《东山撷芳》全书共收录藏品265件（套），其中品级文物174件（套）。藏品的排列按照国家文物局《博物馆藏品保管工作手册》中"传世（出土）文物分类表"的要求，按质地共分13大类，以全彩图片为主，辅助以器物简要说明。

　　《东山撷芳》在开题前，我们邀请了南京博物院研究员张敏先生、南京师范大学教授王志高先生、中共南京市委党史办征研二处处长邓攀先生、南京博物院研究员费玲伢女士为本书确定编纂思路和休例，张敏先生、工志高先生亲审书稿文字，为学术把关。初稿完成后，我们恳请江苏省文物局副局长刘谨胜先生邀请到中国文物保护学会会长、故宫博物院院长单霁翔先生为本书赐序，实为荣幸之至！单霁翔先生祖籍江宁，在2011年9月28日江宁博物馆新馆开馆之际，曾经参加了开馆仪式，对我馆新时期工作多有宏观指导。在序中，他对家乡的桑梓之情可谓溢于言表；本书还有幸邀请了中共南京市委常委、江宁区委书记周谦先生题序。周书记在序言中对江宁文博工作提出了更新更高的期望；作为江宁博物馆的第一任馆长、江宁文博工作的开拓者，现为江苏省文物局副局长、研究员的刘谨胜先生则为本书题跋，文中更是对家乡的文博事业寄托着深情和厚望；更令我们欣喜的是，我们还通过文物出版社社长、总经理张自成先生，编辑张晓曦女士邀请到全国政协常委、中国书法家协会副主席苏士澍先生为本书题写书名，为本书锦上添花。

在本书编纂过程中还得到了中共江宁区委常委、江宁滨江开发区管委会主任高德臣先生，滨江开发区副总经理许云军先生，区文广局局长张斌先生、书记杨嘉清女士、副局长李小静先生等诸位领导的关心和支持，同时我的上一任馆长周维林先生也给予了很多的指导，在此深表感谢。

本书的编纂完成，和我馆全体同仁的共同努力是分不开的，尤其是杨霖同志，负责有关资料的搜集与整理等工作，比较认真负责。在此对他们的通力合作和辛勤劳动表示由衷的谢意；在全书编纂过程中，我们还得到了文物出版社社长、总经理张自成先生的重要帮助与指导。本书责任编辑张晓曦女士更是一丝不苟，确保了书稿的质量，亦在此一并表示崇高的敬意。

"江外无事，宁静若此"。悠久灿烂的江宁历史文化，让博物馆成为了我们的精神家园。希望藉此《东山撷芳》一书的出版，能让更多的人去感知历史、认识历史，让宁静的江宁大地成为江宁文化的高地和幸福的家园。

《东山撷芳》一书从开题到成书，历经一年之久，江宁博物馆新馆（东晋历史文化博物馆）也成立两年在即。本书的出版，是我馆工作的阶段性总结，也是全馆同仁共同努力的结晶，更是诸多领导、专家及社会各界关心、支持的成果。因水平和能力所限，书中错误在所难免，还请各位方家不吝赐教。

许长生

南京市江宁区博物馆馆长

2013年8月30日于竹山